ちくま新書

未来の再建

——暮らし・仕事・社会保障のグランドデザイン

井手英策
Ide Eisaku
今野晴貴
Konno Haruki
藤田孝典
Fujita Takanori

1373

未来の再建
——暮らし・仕事・社会保障のグランドデザイン【目次】

はじめに

今野晴貴

第2次安倍政権が2012年に発足し、この政権が打ち出した「アベノミクス」に日本社会はわいた。これからは雇用が改善し、貧困も解消する。再び経済成長を遂げて、社会は発展するのだ、と。

しかし、もう5年以上が経った。僕たちの生活はよくなっただろうか。僕には、日本社会はますます閉塞し、生きづらい社会になっているように思えてならない。

それを象徴するのが、あくことなく繰り返される弱者へのバッシングや暴力である。貧困者、障害者、外国人、セクシャルハラスメントを告発した女性……。あらゆる「弱者」に対して、憎悪に満ちた言葉が投げつけられている。そして、それはときに暴力となって現れる。

僕たちの生活の中心を占める職場や家族にも閉塞感は広がっている。

企業の熾烈な利益追求は過労死を頻発させ、多くの会社員をうつ病に追いやっている。共働きのため、家族と過ごす時間もとれないなかで、家事や子育て、介護の負担をめぐって夫婦がいがみ合う……。

こんなことばかりが、私たちにのしかかってくる。

オリンピックが開催されれば、私たちの閉塞感はウソのように解消されるのだろうか？ いや、もっと生きづらい社会へと僕たちは突き進んでいくのではないか、そんな気さえする。

閉塞感に覆われたこの状況をなんとかしたいと思い、財政、労働、福祉を専門とする3人が結集し、知恵を絞って書いたのが、この本である。

理屈をこねくり回すようなことは一切していない。現実をふまえて、とことん3人で話し合って作った。本書の前半では日本社会の病巣をえぐり出していく。そこで得た認識を踏まえて、後半では、僕たちが目指すべき社会とはどのようなもので、そのためにできることは何かを考える。

第1章では、この社会における生活の苦しさの根源を、藤田孝典が探り出す。日本社会では、苦しみを抱える者同士がお互い助け合うような方向へと向かわず、他者を攻撃する不毛な応酬が繰り返されている。藤田が描き出したこうした姿は、まさに「共同性」を喪失した社会にほかならない。

第2章では、だれもが弱者になりうる日本社会の構造を、井手英策が分析する。井手はここで、ショッキングな事実を指摘する。それは、日本で何よりも尊重されてきた「経済成長」が、もはや以前のようにはできないという現実である。したがって、いままでのように皆ががむしゃらに働いていれば問題が解決するわけではない。

第3章では、今野晴貴が日本の労働問題について考える。日本社会はもはや高度な経済成長を前提にできないにもかかわらず、「無理な経済成長」を追求しているせいで、過酷な長時間労働や低賃金、貧困、うつ病、ハラスメントといった、深刻な労働問題が蔓延していることを示す。

第4章以降では、来るべき社会へ向かうための議論を展開していく。

その導入となる第4章では、「経済の時代」が終わろうとしていることを、井手英策が人類史的な視点を交えながら論じる。所得の低下や貯蓄の困難化が進み、自己責任ではもはや生活困難な人びとが大勢あらわれつつあるなかで、喫緊の課題は「くらしの場」「はたらく場」「保障の場」の再建であることが示される。

第5章では、分断を乗り越える「福祉実践」のあり方を、子ども食堂や社会的起業・NPO、そして福祉専門職のあり方まで含めて、藤田孝典が論じる。第6章では今野晴貴が、企業別に分断されたこれまでの労働運動から、個人の権利と「社会」を守る新しい労働運動への転換を提案する。そして、最終章となる第7章では、井手英策が全体の議論を引き取りながら、「あるはずのもの」がなくなりつつある日本社会のこれからを語る。必要な政策にくわえて、財源論にまで踏み込むことで、「未来の再建」のための処方箋が具体的に示される。

本書は「アベノミクス」や「BI」、「AI」などが「ウルトラC」のように社会問題を解決してくれる、といった類の書ではない。

もっと泥臭く、社会の原点を見直すような一冊だ。僕たちは、今の時代に求められているものは、普通の人の暮らしやしごと、そして人々が助け合うにはどうしたらよいのか、という「特別」ではないけれども、地に足のついた議論だと思っている。

第1章

生活困窮者を絶え間なく生む社会

藤田孝典

全国から次々と寄せられる生活相談

今日も、生活に困窮して食べるものに困っているという電話がかかってくる。北海道に住む病気がちな68歳の女性だった。医療費の窓口負担分の支払いにも困難を抱え、病院への受診を抑制している。

昨日は、失業してしまい、家賃滞納が続き、電気代も払えないという相談のメールが来た。神奈川県に住むうつ病がある28歳の男性である。建設会社の営業職で、毎日過酷なノルマを必死にこなしているうちに、ある朝、身体が動かなくなり、出勤できなくなった。

母子家庭のお母さんからは、元夫から養育費をもらえずに、日々の生活費に苦労している、元夫に養育費を支払うよう交渉してもらえないだろうか、という相談が寄せられた。

毎日、毎日、日本中どこでも人びとが痛み、年齢に関係なく苦しんでいる。

僕はNPO法人ほっとプラスという生活困窮者支援団体で、9名のスタッフと年間約300件の生活相談を受けながら、支援活動を続けてきた。これらの活動に関わって、16年目になる。

過去には医療費が支払えないために、病気を我慢し、痛みに顔をゆがめながら相談に来られた方もいる。救急搬送を手配して、生活保護申請などを支援したが、あと一歩遅ければ命を落としてしまう事例だった。

僕の事務所に近い埼玉協同病院では、健康保険証が失効している、などの理由から医療機関にかかれずに亡くなってしまった事例が２０１７年の1年間で5件あることが報道されたばかりだ（ＴＢＳテレビ、２０１8年8月28日）。

命にかかわる危険な状態に陥った事例は後を絶たない。そうした相談自体が氷山の一角であり、全国には手を差し伸べられずに亡くなってしまった人がどれだけいることか、想像すると恐ろしくなる。

今年（２０１8年）に入ってからもスタッフが記録する相談票を日々見ながら、全国から寄せられる相談の数に驚かされている。リーマンショックの際は相談件数が激増したが、それ以外の年でも相変わらず相談は多い。一言でいえば、相談の嵐である。

誰でも簡単に生活困窮に陥る社会

まず確認しておきたいことがある。日本社会は住みやすいように見えて、非常に住みにくい。なぜかといえば、貧困や生活困窮の問題が見えにくいだけでなく、住みやすくするための、市民の主体的な努力や工夫もまだ弱いからだ。だから、日常的に生活が苦しくても我慢せざるを得ないようになっている。だれにも相談できないまま、孤立している世帯が実に多い。

さらに、貧困や生活困窮の問題は、あなた自身や家族が近い将来、経験するかもしれない課題になりつつある。

よく考えてみてほしい。あなたが病気をして働けなくなった場合はどうだろうか。障がい年金を受け取ることは可能かもしれないが、生活をするのに十分な金額ではない。家族が扶養してくれるかもしれないが、負担は大きくなるだろう。

家族のだれかが病気で離職をしてしまった場合も同様だろう。現在の生活水準を維持していけるだろうか。その際、子どもの教育費や生活はどうなってしまうのだろう。悩みは尽きないし、1つのリスク要因を予想して考えるだけで、将来不安や生活不安が頭の中を駆けめぐる。

生活不安は、働いている人たちに限らない。高齢期になっても貧困や生活困窮の問題は付きまとう。夫が脳梗塞で倒れて要介護状態になったとする。その際の介護施設を探してみるといい。介護保険料を支払っていても、介護が必要になったときは要介護認定調査があり、すぐに必要なサービスが受けられるとは限らない。受けられるとしても、経済的な負担が大きい。まさに「下流老人」化として現れる問題だ。

要介護者やその家族に対する自己負担の割合は近年、減少するどころか、むしろ上昇傾向が止まらない。少子高齢社会であることも考慮すれば、負担額は今後も増え続けることは容易に予想できるだろう。

例えば、介護保険料と、国民健康保険料の負担だけを見ても上昇傾向が見て取れる。しかも、それを支払っても、だれもが安心できる社会保障の姿は見えてこない。相当額の負担をしても給付が少ないのは明らかだ。

誰もが経験する可能性のあるリスクに備えて私たちは貯金をしているが、これが不十分な人も増えている。貯蓄をしないのではない。以前にも増して貯金ができなくなっているのである。

終身雇用と年功賃金による日本型雇用の崩壊、非正規雇用の拡大、転職せざるを得ないブラック企業の台頭、労働分配率の低下など、働いている人びとの給与や処遇は劣化し続けている。

以上のことから、リスク回避の困難が増している現状を理解してもらえると思うし、これについては次章以降で井手英策、今野晴貴が、さらに詳しく述べていく。

「助けなくてもいい」という大合唱

こうした貧困や生活困窮の実態を多くの人びとと共有しようと、僕は社会活動や執筆活動なども継続しておこなってきた。「貧困の可視化」に尽力してきたのである。貧困は見ようとしなければ見えず、気づけない問題でもある。

「貧困の可視化」が進めば、社会は貧困や生活困窮への対応を強めてくれるのではないか、貧困などに苦しむ人びとに手を差し伸べたり、そのことに合意してくれる人びとが増えて、生活困窮者は減っていくのではないか、という思いがあった。

貧困や生活困窮に至った原因を問わずに、同じ社会を構成する仲間の一人として助け合えるようにしたいと僕は思っている。すべての人びとに優しい社会をどう実現するのか、真剣に考えていきたいと思っている。

そんな思いは、現実の前に非常に無力であったことを痛感する。さらにいえば、貧困や生活困窮に対する理解を広げようと、そうした人びとを擁護すればするほど、返ってくる言葉が厳しい。以下は、この15年間で僕に寄せられた無数の言葉から、見すごしにはできないと思えたものを整理してみたものである。そのなかには貧困問題に理解があると思われる人びとの言葉も含まれている。

▼「貧困に至るのは自己責任だ」――。

どれだけ説明をしようと、社会保障が整備されていない社会では「自助」が大きな力を持つのだろう。当事者を非難し、支援対象にするべきなのかという声は、いまだに収まらない。貧困者など助けなくてよいという。なかには自身が支払っている税や保険料が、生活困窮者の生活改善に利用されるのを拒絶する人もいる。これ以上の負担は我慢がならないようである。

▼「自分の家族や親族を頼れ。何でも社会に頼るな」――。

この言葉もよく聞かれる。家族や親族は扶養に限界があるか、そもそも機能していない場合がある。家族や親族が何らかの理由でいない場合もある。にもかかわらず、この手の言葉を口にする人びとは、困窮した身内を家族が十全に支えられると思い込んでいるようだ。日本では家族相互の助け合いを前提としていたため、福祉の役割を家族に押しつける圧力はいまだに強い。育児放棄や虐待のほか、年金や児童手当を当事者以外のために使ってしまう経済的搾取や親族間殺人……。これだけ家族が実害を与える事件が多発していても、社会や制度に頼らずに家族を信じろ、という。

▼「貯蓄をするなど準備をしておけばよかったはずだ。計画性がない」――。

貯金が困難な状況があると頭では分かっていても、生活に苦しむ人を目にすると、こんな言葉が頭をよぎる人が少なくないようだ。貯蓄をするのが当たり前で、できない人びとは非難されかねない。要するに、リスクに備えられなかった人びとは、少なくとも他者に迷惑をかけずに生活してくれという。何歳まで生きられるかもわからないなか、毎日懸命に金銭管理をし、計画性をもって生活するよう強いる。それができなければ非難されて当然という。本当にそうなのだろうか。

▼「義務も果たさないのに権利ばかりを主張する」――。

自分自身の生活が大変ななかで「私たち」は、一様にやりくりをしてきているのに、準備をしてこなかった人びとが手当や福祉サービスを受けるのは容認できない。この言葉にはそういう感情が渦巻いている。日本での義務とは、経済的な自立と、納税できることであるようだ。その一部しかできない人に対して、義務を果たさずに権利主張する怠惰な人物だとレッテルを貼る。勤労し、納税し、貯蓄していけない人びとは無権利状態に甘んじなければならないかのようである。日本国憲法にも規定されているように、すべての人びとに基本的人権が平等に保障されているが、条件次第で権利侵害を受けても仕方がないというのだろうか。過去には、現職の参議院議員が生活保護受給者に対し、「税金で全額生活を見てもらっている以上、憲法上の権利は保障したうえで、一定の権利の制限があって仕方がないと考える」と理解に苦しむ珍説を披露している（『週刊東洋経済』２０１２年７月７日号）。

▼「支援を受けるのであれば、受けるなりの態度があるだろう」――。

生活保護を受けていること、障害年金を受給していること、非課税世帯であることなど、社会保障や公的サービスを受けている場合は質素倹約に努めるべきだと要請される。社会保障を受ける側が、制度を充実させて生活をよくしてくれなどと改善要求をしようものなら、発言したこと自体で非難されたりもする。自分自身の生活を維持できなかった人びとは、黙って静かにしていればよいという風潮は根強い。例えば、生活保護受給者が「現在の生活保護費では生活が苦しい」と声を上げようものなら、「何を言っているんだ、我慢しろ」となることは珍しくない。年金受給者が支給金額を引き下げないでほしい、と裁判を起こせばわがまま言うな、と思われてしまう。

このように、はっきりとは表現しなくても、自分の力、自身の経済力で生活ができない人びとに対する眼差しは一層厳しくなっている。それを示す社会調査や世論調査にも事欠かない。

例えば、「自力で生活できない人を政府が助けてあげる必要はない」と考える人の割合を示した調査だ（表1-1）。僕はこの社会調査に衝撃を受けたし、貧困者に向けられ、僕も聞いてきた数々の言葉の意味をかみ締めることとなった。

なるほど。日本人は世界的にも群を抜いて他者に冷たいらしい。「自力で生活できない人を政府が助けてあげる必要はない」と答えた人の割合は、日本では38％で、世界で突出して高い。社会保障が弱いとされ、自己責任のイメージが強いアメリカですら28％。日本はそれより10％も高いのである。

他国はどうか。実は日本やアメリカは特殊で、イギリスやフランス、ドイツ、中国、インド、ブラジルでは10％以内に収まっている。多くの国々では9割を超す人びとが、困っている人びとを見捨ててはいけない、助けてやらなければならないと感じている。

社会から失われる社会性と人間性

日本人はいつの間にか、世界でも類を見ないほど、人に対して冷たく、優しさを欠くおぞましい社会を作り出してしまったようである。それは、調和や協調といった価値観が欠如していることを物語っている。

表1-1 「自力で生活できない人を政府が助けてあげる必要はない」と考える人の割合

日本	38%
アメリカ	28%
イギリス	8%
フランス	8%
ドイツ	7%
中国	9%
インド	8%

出所：「What the World Thinks in 2007」The Pew Global Attitudes Project.

厚生労働省の意識調査でも、こうした傾向は見て取れる（厚生労働省「社会保障に関する国民意識調査」2011）。「政府は、貧しい人たちに対する援助を減らすべきだ」に対して「そう思う」、「どちらかといえば、そう思う」と肯定的な意見は17・0％となっており、他国と比較しても高水準である。貧困や生活困窮に苦しむ人が増えているなかで、援助をさらに減らすべきだと答えているのである。

それに対して、「そう思わない」、「どちらかといえば、そう思わない」と、貧困層への援助削減に否定的な意見は4割程度であり、この数字は先進諸国の中で最も低い水準となっている。

だからこそ、「所得の格差を縮めるのは、政府の責任である」に対して「そう思う」、「どちらかといえば、そう思う」と回答した人は52・1%と、他の先進諸国と比べて低い水準になっているのだ。

深刻なのは、「どちらともいえない」という回答の多さだ。どの質問に対しても、明確な答えを持ち合わせていない人があまりにも多い。そこからは、答えを導き出すのに必要な情報が不足しているし、社会状況の理解が追い付いていない様子が端的にうかがえる。

本書に限らず、井手英策が各所で「人間の顔をした社会を取り戻したい」と述べる理由がそこにあるし、だからこそ僕たちは井手の言動に賛同している。現状では「人間の顔を失ってしまった社会」に僕たちは生きているのであろう。

「冷たい社会」では誰もが苦しい

大事なことなので繰り返すが、私たちが作り上げてきた社会は、そこで暮らす人びとに異様なほど冷たい。冷たいばかりでなく、実害を生じさせ、時には一人一人の命を奪っている。

僕は長い間、相談を受けてきたが、その間、何度も、「こんな私は生きていて、いいのでしょうか」、「こんな無価値な人間を救ってもらえるのでしょうか」、「こんな状況を人目にさらすくらいなら死んだ方がマシだと思っています」といった、自分自身を否定する痛烈な言葉を耳にしてきた。

生活に困窮する相談者が自分自身を責める言葉を次々に発する。だれからも、「あなたは価値ある人間であり、生きていること自体が尊いことだ」と承認されたことがないようだ。自己責任論を内面化し、そこから自分が置かれた状況を、そして自分を責め立てている。

これが、生活困窮者支援の現場である。自分自身の存在意義が実感できないことほど苦しいことはないだろう。相談者は、自分が生きていること自体が、社会から認められず、〝邪魔者〟なのではないか、と思い込まされている。まぎれもなく、そう思わせてしまう社会環境が、僕たちの周囲を暗雲のように覆っている。

福祉国家の源流といえる社会保障システムを世界に先駆けて整備したイギリスでは、資本主義社会の草創期である16世紀前半から19世紀ごろまでは、貧困や生活困窮は文字通り「罪悪」であった。資本（大工業制）に組み込まれず、働く意欲がないか、労働力を提供できない者は、容赦なく鞭打ちをされ、労役場へ収容された。そこに入れられた者は、過酷な労働に従事させられた。

ようやく20世紀に入り、福祉国家の土台が形づくられるようになったが、イギリスでもそれは100年ほど前のことだ。日本では21世紀を迎えた今日でも、貧困や生活困窮は「罪悪」であるように語られることが少なくない。貧困や生活困窮をめぐる国民的な議論は、今も一向に進んでいないようだ。

自分自身で死を選ぶ人びと

だからこそ、自ら命を絶ってしまう人が後を絶たないのだろう。僕もそういう方と何度も会ってきた。20代から70代まで幅はあったが、みなさん共通して、自らの存在意義を問いながら、生きている資格を失ったように、そして申し訳なさそうに、ひっそりと絶命していった。何もかもあきらめ、だれにも言葉を残さずに旅立つ事例もあった。

社会に絶望して、早く楽になりたい、という思いをもち、実行してしまう人びとを僕は批判することなどできない。そこに至る経緯や、そこでの思いを想像すると、今でも涙することが多い。いまや、だれがそうした最期を迎えてもおかしくない社会状況だ。

相談を受けるようになった当初は、安易な励ましや根拠のない言葉かけをしてしまったこともある。いまも苦い記憶として甦ってくる。だが、この社会を構成する一員として、生活苦を訴える人びとを減らしたいという思いは、昔も今も変わらない。「冷たい社会」を変えることなく、多くの相談者の苦悩や悲しい事件が減ることはないのだ。

僕の生い立ちや生活

少しだけ僕自身の話をしてみたい。幸いにも僕は生まれた時から不自由のない暮らしをさせてもらった。それなりに充実した教育を与えてもらったし、仲間や友人に囲まれて遊び、学んできた。幼少期から学生時代まで、恵まれた時間を過ごさせてもらった実感がある。社会のことなど何も考えなくても安心して生きていける環境だった。

しかし、あとで両親に聞いてみたり、僕自身に家族ができるなかで、不自由のない暮らしや普通の暮らしを維持するのが、いかに大変なことか、強く実感するに至っている。僕の両親がそうだったように、多くの人が綱渡りの生活を、歯を食いしばって耐えている。

油断をしたり、病気をしたりすればたちまち家族は困り、当人も自らの存在意義を見失ってしまうような社会である。常に気丈に振る舞っていた父親が、僕も含めた3兄妹が成人して以降、親族で集まるたびに、腹の底から絞り出すようにして「ようやく肩の荷が下りた。家を買い、子どもたちを大学にやり、一人前に育てていくのは本当にしんどいことだよ。病気をしないで働き続けられたのは本当に幸運だった。振り返ってみれば、生活に必死で、ぜいたくをしたことなど一度もなかったね」と語る。

母親は母親で、非正規雇用で家計を補助しながら、家事や育児をしつつ、子どもたちと向き合ってくれた。家族旅行には出かけたものの、両親だけで旅行に行くなどして余暇を過ごす時間はなかった。それほど二人は働き続けていた印象がある。

二人とも夜遅くまで働き続け、僕たちの育児は祖母が見てくれることも珍しくなかった。もし祖母がいなかったら、まるで違った幼少期になっていただろう。

「男性稼ぎ手モデル」に守られていた家庭

60歳を迎えた父親は、男性正社員が当たり前の時代に、年功賃金、終身雇用制度などのいわゆる日本型雇用に守られ、一定以上の安心感をもって働くことができた。父は一部上場企業の社員として働いていたが、それでも3人の子どもを育てながら普通に暮らすのは苦労の連続だったという。

家計を圧迫した住宅費や教育費には特に苦しめられたようだ。当時の僕は気づけなかったが、いま振り返ってみれば、両親はずいぶん生活を支えてくれたことがわかる。今の日本社会も生きにくい。それだけでなく、その生きにくさや将来不安は以前にも増して強まっている。

実際、現在の雇用環境は、井手英策や今野晴貴が後述するように、これまでの給与水準や生活水準を維持するのが困難だ。僕の友人の多くは、年功賃金になっておらず、長時間労働に明け暮れている。それでも賃金が少ないため、生活が苦しいという。

ましてや終身雇用など夢のような話である。周囲を見渡せば、3年や5年で離職を繰り返さざるを得ない労働環境が広がっている。30歳代半ばで2〜4回の転職経験がある友人も少なくないし、派遣労働を転々とする相談者も多い。

子どもが生まれたことをある友人に報告した際に「子どもは金がかかるから大変だぞ。俺は子どもなんてもつことはできないよ」と言われたこともある。いまや「普通の暮らし」の土台が揺らいでいるし、子どもをもうけて、社会を次世代へつないでいくことすら難しい。

同世代を見渡すと、経済的な理由で子どもをもうけることが困難な人たちばかりだ。人口減少や少子化が深刻だと叫ばれて久しい。貧困や生活困窮に至っていなくても、子どもを育てる際の費用や生活費、教育費がかかりすぎるのである。

僕自身、自分の子どもに「この社会は素晴らしい。自由に楽しく人生を歩んでほしい」と胸を張って言うことが難しくなっている。だからといって、絶望するわけにはいかない。少しでも苦しみを軽減し、暮らしやすい社会に変革することは、大人にとっての最低限の責務ではないだろうか。

相模原障害者施設殺傷事件が問いかけるもの

人びとの暮らしや命の問題を考える際に忘れてはならない事件がある。相模原障害者施設殺傷事件である。この事件について、皆さんはどう思われただろうか。

2016年7月26日、第一報を受けた際に僕が感じたのは「信じられないことだが、やはり起こってしまったか」というものであった。先に述べたように、今の日本社会では「自力で生活できない人を政府が助けてやる必要はない」という意識が強い。だから、障がい者や要介護高齢者は、いずれ攻撃の対象になってしまうのではないか。そんな懸念を抱いていたのだ。

実際、福祉事業者や福祉専門職が障がい者施設内で起こす虐待件数は増加傾向にある（厚生労働省「平成26年度「使用者による障害者虐待の状況等」の結果」http://www.mhlw.go.jp/stf/houdou/0000095550.html）。そんななかで、いつ大きな事件が起きてもおかしくはない状況だった。

この事件は戦後最悪の無差別殺傷事件であり、ヘイトクライムにより、19名の方が命を失った。通説としてヘイトクライムとは、「人種、民族、宗教、性的指向などに係る特定の属性を有する個人や集団に対する偏見や憎悪が元で引き起こされる暴行等の犯罪行為」を指す言葉だ。

障がい者というカテゴリーの人びとに対する典型的なヘイトクライムであり、海外でも大きな注目を集めた。殺人罪などで起訴された被告Aは、かつて勤務先の施設で、重度の障がい者の「安楽死」を容認する発言をし、施設側から「ナチス・ドイツの考えと同じだ」と批判されたという。実際、A被告のしたことは、ナチスの所業を彷彿とさせる。

被告Aは元施設職員であり、僕と同じ福祉職に従事していた。福祉専門職は、生活課題を抱える人びとの生活を支援し、必要なサービスを提供することで、そうした人びとの権利擁護に努める者である。したがって、当事者を排除する行動は決して認めてはならない。そうした行為は、断固非難しなければならないと思う。

優生思想の復活

被告Aは、「障がい者を殺害して断絶することが国家のためにもなる」といった思想を披露しているが、これこそ僕たちが正面から向き合い、克服しなければならない思想だと思う。

彼をそのような思想に導いた一因は、現代日本の社会環境にあるはずだ。重度の障がいをもつ人は排除したほうが社会のためになる、だから排除は理にかなっていると誤解させるような数々の出来事があったのだろう。

実は資本主義は、労働力があるか否かで人びとを簡単に値踏みする社会である。労働力が低いか、ないに等しい場合には、容易に差別の対象となり得るし、きわめて苦しい生活や経済状況に至りやすい。

障がい者は歴史的にも虐げられてきたし、施設収容などで社会の隅に追いやられてきた。

その事実を忘れてはいけない。いまだに施設収容や精神科病院への長期入院など、差別的処遇を是認する風潮がある。こうした背景があって、あってはならない凄惨な事件が引き起こされたのではないか。

二度とそうした事件を繰り返してはならないし、社会がもう一度、仲間意識や連帯感を取り戻せるように、検証作業を継続していかなければならない。

「理解できないあいつは死ねばいい」「こいつは生きていても意味がない」ではなく、「思想や生き方は違っていても一緒に生きるしかない」「分かり合えなくても一緒に生きていく」という思想にしていかなければならない。

社会を壊す政治家や言論人

僕たちはこの社会を壊してきた人びとの言葉を忘れてはならないと思う。元東京都知事の石原慎太郎氏は「この間の、障害者を十九人殺した相模原の事件。あれは僕、ある意味で分かるんですよ」（『文學界』２０１６年10月号）と述べている。ヘイトスピーチを平気で口にしているのだ。人びとに悪影響を与えてきたこのような言論人からいい加減、脱却しなければならないし、新しい政治や政策のあり方も考えなければならない。このような人びとのリーダーシップに頼ってしまう社会に、明るい展望は開けない。

小林よしのり氏も自身のブログで「下流老人の解決方法」と題し、「国民としての役割を果たし終えて、若者の迷惑にしかならない老人は安楽死するのが一番いい」(http://blogos.com/article/175579/)などと、死へと誘導する危険思想を披露している。国民としての役割を終えたのなら死ぬべきである、という意味不明な持論を平然と吐いて恥じずにいるのだ。重度心身障がい者だけでなく高齢者一般にもヘイトスピーチが及んでいることが理解できるだろう。

僕たちは皆、国民や労働者、生産者として社会に関わっているし、年老いていけば、自らの経験を後続世代に伝えるなどして、最期のときを迎えるまで、社会に関与していく。だから、当事者でもない第三者が、勝手に役割をこしらえて、それが終わったからもう死んでいいなどという一方的な主張ほど、危険で傲慢なものはない。

僕たちの生が、言論人の勝手な思い込みで左右されていいわけがない。第三者が勝手に生に意味づけをし、生きる価値があるとかないとか言うこと自体が、だれかを排除することに他ならないからだ。

その影響を受けた人びとが自死に向かったり、若者による高齢者の襲撃を引き起こしたりする可能性も皆無ではないだろう。メディアや言論や政治の世界において影響力のある人びとが、条件付きであれ犯罪行為に理解を示したり、命を捨てるように促すなど言語道断である。

最近では自民党の杉田水脈衆議院議員がコラムで「子供を作らないLGBTカップルは『生産性』がないので税金を使って支援する必要はない」といった主張をし、批判の声が上がった。だれかを無価値だと一方的に決めつけ排斥する暴言は後を絶たない。

なぜ彼らは、苦しくても一緒に生きていく方法を真剣に考えることなく、安易かつ暴力的な主張をするのか。強者しか生きられない社会は、だれもが苦しい社会を招くのだと、そろそろ気づいてもらいたい。

人びとの暮らしが悪化してくると、その犯人探しが始まる。僕たちが払った税や保険料が僕たちの生活ではなく、他の人びとの生活に使われていると思い込んでしまう。政治家がそうした負の国民感情を煽り、○○は生きるに値しない存在だと誘導していく。そんな醜悪な姿を、僕らはどれだけ見続ければいいのだろう。もうそろそろ、こんな状況を終わらせるためのアクションを起こすべき時だろう。

「役に立たない人」は死ねばいいのか？

２００８年に麻生太郎氏は、増え続ける医療費に関して、「たらたら飲んで、食べて、何もしない人の金（医療費）を何で私が払うんだ」などと発言していた（ＡＦＰ通信、２００８年11月27日）。

医療保険制度、生活保護制度など、私たちが時間をかけて整備してきた社会連帯の仕組みすら、趣旨や歴史を理解しないまま敵対的な発言をする。困った時に助け合える仕組みを破壊しかねない言動は、今も多くの政治家や言論人において見て取れる。

こうした風潮を背景に、社会に負担をかけていると名指された人びとへの非難が加速していく。その極端な例が、相模原障害者施設殺傷事件と言っていいだろう。

ホームレス状態にある人びとが少年に襲撃され、殺傷される事件はいまだに全国で繰返されている。ジェノサイドのような凄惨な襲撃は、当事者をどこまでも追い詰める。「社会的に役に立たない」「無価値だ」というレッテル貼りを一つでも許してしまえば、その触手はすぐそこまで迫ってくる。

バッシングの対象となるのは、政治家や公務員だけではない。だれもがバッシングの対象になり得る。労働組合、生活保護受給者、滞日外国人、年金受給者、障がい者や要介護高齢者、傷病者や難病患者など、挙げ始めればキリがない。だれしも、何かの当事者にならないまま生きるのは不可能と言ってもいい。こうしたなかで、どこかで不公平が生じていないかどうか、自分の利益のために負担を背負わせる人間がいないかどうか、互いに監視の目を光らせ、自分のモノサシでもって、他人の生を勝手に値踏みし、もう生きる価値などないと平気で口走る。そうした言動が、僕たちの振る舞いや言動を縛りつけていく。

まずは、どのような人であれ、生まれながらにして尊ばれ、人間らしく生きていけるように社会を構成していくという基本に立ち返ること。今からでも遅くはない。ぜひ、より建設的な議論に加わってほしい。

生活を満たすニーズやサービスとは何か

なぜ人びとはこんなにも苦しいのだろうか。僕たちはどこで道を誤ってしまったのだろうか。

社会福祉を専攻する立場から検証してみたい。まず人びとの生活が苦しいのは、生きていく上で必要なサービスや財が、その人や世帯において決定的に不足しているからである。

これは、社会福祉がニード論、ニーズ論として議論を重ねてきた歴史的な結論でもある。

さらに、今は不足していなくても、今後はその不足が予想されるからだ。生きていく上で必要なサービスや財が将来、不足するとの見通しがもたらす不安は、日本社会を覆わんばかりに広がっている。

子どもが生まれたら、成人するまで、あるいは大学卒業まで費用がいくらかかるかわからない。その後も精神疾患などが発症したら、家族が面倒を見なければならないかもしれない。

さらには自分が高齢者になったとき、医療や介護にいくらかかるかもわからない。老人ホームに入居するのに、契約金や入居金だけで数百万から数千万円を要するところすらある。

働いている人も安心してはいられない。病気にかかったり障がいを抱えたりして、働けなくなってしまったらどうだろう。愛する家族とともに路頭に迷うかもしれない。貯蓄がみるみる減っていき、生活水準を著しく引き下げざるを得なくなるかもしれない。だから、どれだけ体調が悪くとも苦しくとも我慢して満員電車に乗らなければならない。

それと意識しないだけで、人はだれしも、生きる上で必要なサービスや財を、どこかから得て暮らしている。

仕事をして給与を得たり、企業から福利厚生として受け取ったり、自給自足で食料を確保したり、生産物を市場で売買したり、友人や親族から仕送りしてもらったりお裾分けしてもらったり。あるいは社会保障制度から手当や年金、生活保護の給付を受けるなどして、暮らしている。

子どもが生まれれば保育サービスを受け、公共サービスの一環として整備された公園や遊具で遊ばせ、上下水道が完備された衛生環境の中で暮らし、義務教育段階の子どもがいれば学校で勉強を教えてもらう。

病気になれば医療を受け、失業すれば給付を受ける。介護が必要となればヘルパーを派遣してもらう。数限りない公共サービスを受けて生きているのが人間だ。公共サービスを一切利用しないで生きている人間は現代日本にはいない。

必要なサービスを行き渡らせる

日本社会で生きている以上、程度の差はあっても、だれもが何らかの関係性のなかで交換や取引をして暮らしている。その交換や取引がうまくいっていない場合、生活課題が生じやすい。

お金がないから教育を受けられない、医療を受けられない、家賃が高すぎて生活が苦しい、お金がないからサービスを供給してもらえない、お金がないので将来が不安である――。実際、いろいろな声を耳にする。

社会福祉の領域では、障がい者や高齢者には生活課題が生じやすいとして、長年、関心を払ってきた。それもあって、サービスや財を再分配する対象としてイメージしやすいはずだ。しかし問題は、福祉の対象となる人が従来通りでいいのか、という点にある。これは障がい者や高齢者に福祉は必要ない、というわけではない。そうではなく、福祉の対象とすべき人、サービスや財を必要とする人は、障がい者や高齢者以外にもいて、そういう人びとが増えているのではないか、という問題提起である。

本書でも今野が後述するように、日本には下層労働市場が分厚く形成されてしまった。これは端的に言えば、労働者に対する社会保障給付が必要な時代に入っていることを意味している。

こうしたなかで、相模原障害者施設殺傷事件のように、障がい者は既得権者で、税による庇護を与えるよりも排斥した方が社会のためだと殺害に及ぶ事件まで起きてしまった。

事態は「人間破壊」と言えるところまで来てしまった。

助け合い、分かち合うことを忘れた社会

生活保護受給者に対する生活保護バッシングも止まらない。生活保護に甘えるな、と市民が「袋だたき」にする。各自治体でも生活保護受給者を増やさないように、「就労支援」「自立支援」を名目にして、生活保護制度から排除する事例が後を絶たない。要保護状態にある人びとを生活保護の窓口から追い返す「水際作戦」も相変わらず続いている。

改めて確認しておきたいのは、今の社会福祉制度でさえ、それを必要とする人びとへの財やサービスの供給は制限されて、不十分な状態にある、ということだ。それだけでなく、財政の悪化によって、社会福祉制度は規模の縮小を余儀なくさせられている。

社会福祉が大切にしてきた価値や理念が音を立てて崩れ落ちる時代が到来している。支援の現場に身を置いていると、社会福祉が形骸化し、歴史的な危機に陥っていると感じざるを得ない。

相模原事件の被告に見て取れるように、ただでさえ生活が大変なのに、困窮する人びとに寄り添ったり、一緒に生きるなど無理だという風潮は根強い。社会保障の原資である税

や保険料をそれらの人びとに使うよりも、自身の生活安定のために使ってほしいという声も多く聞く。

危機に瀕する「選別型社会福祉」

第5章で改めて論じるが、もともと社会福祉とは障がい者や高齢者だけを選んで救済するものではない。すべての人びとが対象であるはずだった。必要な人びとに必要な量の財やサービスを供給して、生きやすさを保障する仕組みといってもいい。

なぜなら、生活上の課題がない人など、この社会に存在しないからだ。人は生きている限り、何らかの悩みや生きにくさを抱えるものだ。この世に生まれ落ちたときに、医療者や多くの人のサポートを受けたように、どんな人でも、一生を通じて、さまざまな人の手を借りながら生きていく。

社会福祉は、生きる上で必要な財やサービスを供給する仕組みを整えてきたが、今やそれが不十分で脆弱であることがはっきりした。

社会福祉はこういうものだという先入観から脱して、社会福祉をどう変えていけば、人びとが困らなくて済むのか、イチから創造的に考えて行動していく。今はそういう段階にある。

これまでサービスや財を再分配してきた人びとだけでなく、その他の人びとも膨大な生活課題を抱えている。優先順位を決めて社会福祉の対象者を選別して給付する「選別型社会福祉」はもはや限界なのである。

従来のやり方では、高齢者や障害者が要介護、要介助の状態になってから支援が始まった。生活困窮者であれば、生活保護基準以下の厳しい生活になってはじめて支援がスタートする。

いずれも条件付であり、選別をしたのちに支援を提供する仕組みである。社会福祉関係者は知らないあいだに「選別型社会福祉」に慣れきってしまった。困ってからでないと、相談者の問題解決に乗り出さないし、福祉の対象を拡大させることを怠ってきた。

今やワーキングプアを含む労働者など市民全体を福祉対象としなければならない時期が来たのではないか、と問題提起する理由だ。人びとのあいだに広がる生活苦を放置すれば、国民全体の「統合」の危機は深まるばかりだ。

こうしたなかで社会福祉は、何をするべきなのか。従来、福祉の対象としてこなかった人びとをもその対象とし、社会を再構築・再統合することは可能なのだろうか。

この課題をめぐっては、次章以降の、井手や今野の論考でも論じられることになるだろうし、僕自身の議論は第5章で詳しく展開していきたい。

第2章

引き裂かれる日本社会

…………井手英策

アベノミクスをどう評価するのか

第1章で藤田孝典が論じたように、生活の不安が人びとを直撃し、暮らしはおろか、命さえもが軽視されるような悲しい社会が生まれている。この章では、なぜこのような状況が生まれたのかについて、いくつかのデータと歴史的な経緯をもとに、議論を深めていきたい。

そもそもの話だ。もし、僕たちの収入が高度経済成長期やバブル期のように、いやそこまでとは言わなくとも、1970年代、80年代のように増え続ける時代がやってくるとすれば、藤田の懸念は一瞬で消えてなくなることだろう。では、日本経済の未来に対して、僕たちはどこまで楽観的になれるのだろうか。

まずはかつての成長を確認するために図2-1を見てみよう。

1956年から72年までの高度経済成長期、オイルショックの起きた73年からバブルが崩壊した90年の安定成長期、そして、バブルの崩壊した91年から2016年までのポストバブル期、年を追うごとに平均的な実質GDP成長率はハッキリと低下していっていることがわかる。

図 2-1

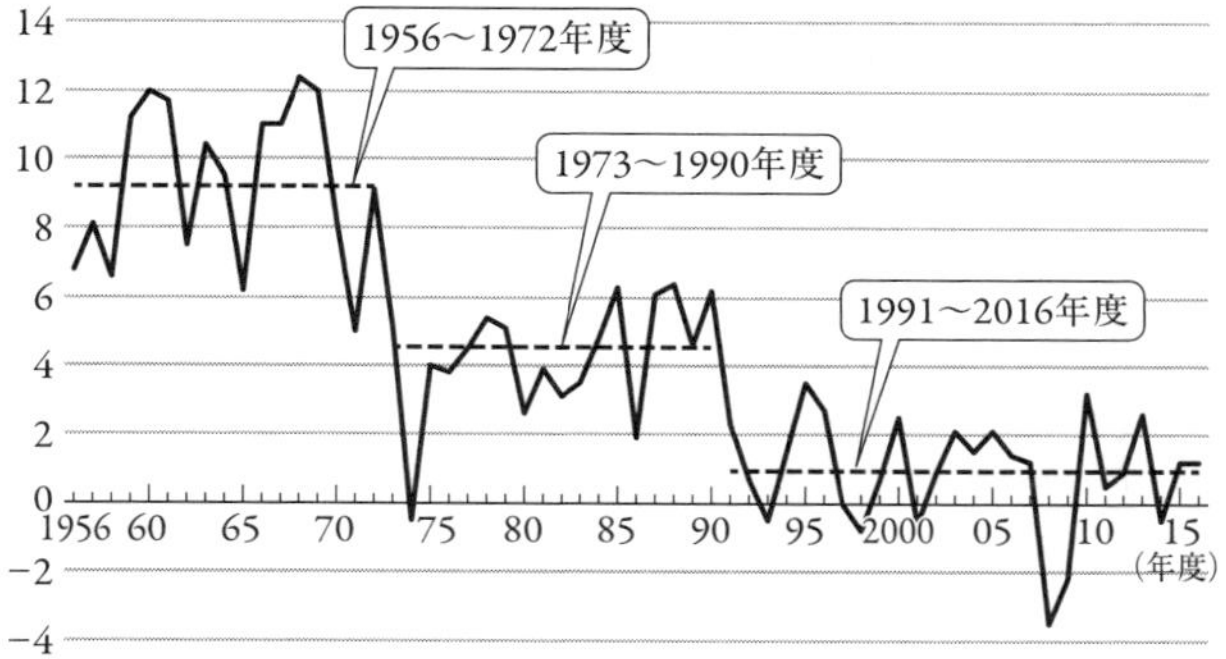

出所：内閣府『国民経済計算』より作成.
注：単位は%.

驚くべきは、バブル崩壊後の平均成長率がわずか1%にしかすぎないことだ。バブルの余韻が残っていた1990年代の前半、あるいは、「いざなみ景気」と名づけられ、戦後最長の好景気を経験した小泉政権期、そして空前の経済実験ともいうべきアベノミクスがおこなわれた第二次安倍政権期、これらを含めても平均1%程度の成長しか日本経済は実現できていないのだ。

日本銀行や内閣府、あるいはさまざまなシンクタンクが潜在成長率を試算している。潜在成長率、それは、中長期的に見た日本経済の成長力のようなものだ。その数字はゼロ%台後半から1%程度。つまり、資本、労働、土地といった生産要素をフルに活用したとしても、日本の経済はこれから1%程度の成長しか見こめないというのだ。

言われてみればそうかもしれない。

アベノミクスでは「異次元の緩和」「量的・質的金融緩和」と呼ばれる歴史的な金融緩和がおこなわれた。財政規模も戦後最高水準で推移している。おまけに東京オリンピックの開催が決定し、五輪景気もこれに重なっている。もっと言うならば、アメリカの景気拡大もすでに一〇〇カ月以上続いている。

では、これほどの好環境、政策の総動員によって、いったいどの程度の経済成長が実現されたのだろう。

内閣府の作成する国民経済計算を見てみよう。

第二次安倍政権が成立したのは2012年12月のことだ。そこで13年から17年の平均実質成長率を見てみると1・3%。バブル後の平均値を若干上回る程度の成長しか実現できていないことがわかる。

この数字は、高度経済成長期の9・3%や安定成長期4・3%の成長率とは雲泥の差であるし、アベノミクスが目標として掲げていた実質2%成長とくらべても、あきらかに不十分な成長率だと言わざるを得ない。

2016年度の名目GDPは537・5兆円。これもまたアベノミクスが目標に掲げていたGDP600兆円にはほど遠い。目標年である20年までにこれを実現しようとすれば、17年からの4年間に名目3％成長を毎年実現しなければならない。ちなみに第2次安倍政権で名目3％成長は一度も達成されていない。

あえて言っておこう。僕たちのここでの意図はアベノミクスを断罪することではない。部分的に見れば、日本経済に回復の兆候が見えることは事実だ。

例えば、アベノミクスにおける異次元の緩和が円安を後押しし、これが輸出の拡大につながり、外国子会社からの配当金などを増やして、株価を上昇させた。世界経済の好況があるため、輸出の伸びがすべてアベノミクスの成果とは言い切れない。だが反対に、まったく効果がなかったと言うのも不正確だろう。

確かに、実質賃金の低下、非正規雇用の増大、消費の伸び悩みなど問題は多い。けれども、企業の収益が過去最高水準であったり、最低賃金が引き上げられたりして、部分的には景気に明るさも出ている。

だが、ここで問いたいのは、そんなことではないのだ。

本章が問題としたいのは、果たしてこの程度の経済成長で僕たちの暮らしの水準が本当に維持できるのかということだ。

与党は目に見える効果を掲げる。野党は目に見える問題を掲げる。互いが相手を批判し合いながら、権力の維持・奪取をくわだてる。だがここでの論点は効果の有無ではない。その効果があったことを認めたうえで、本当にそれで十分なのか、経済成長にしがみつく社会を続けてもよいのか、ということなのだ。

20年前がもっとも豊かだった社会

僕たちの経済は明らかに力強さを失ってしまった。

まず、1人当たりGDPを見てみよう。日本の1人当たりGDPはOECDに加盟する35カ国のなかで19位である（OECD Stat、購買力平価ベース）。かつては2位だった1人あたりGDPがとうとう先進国の平均以下にまで下がってしまったわけだ。

いや、もう少し正確に言っておこう。

僕たちは子どものころ、OECDは「先進国クラブ」だと教えられてきた。だが、新興国市場の拡大、経済のグローバル化を受け、OECDは1990年代に加盟国の範囲を拡大するよう方針を転換した。

図 2-2　可処分所得(月額)の推移

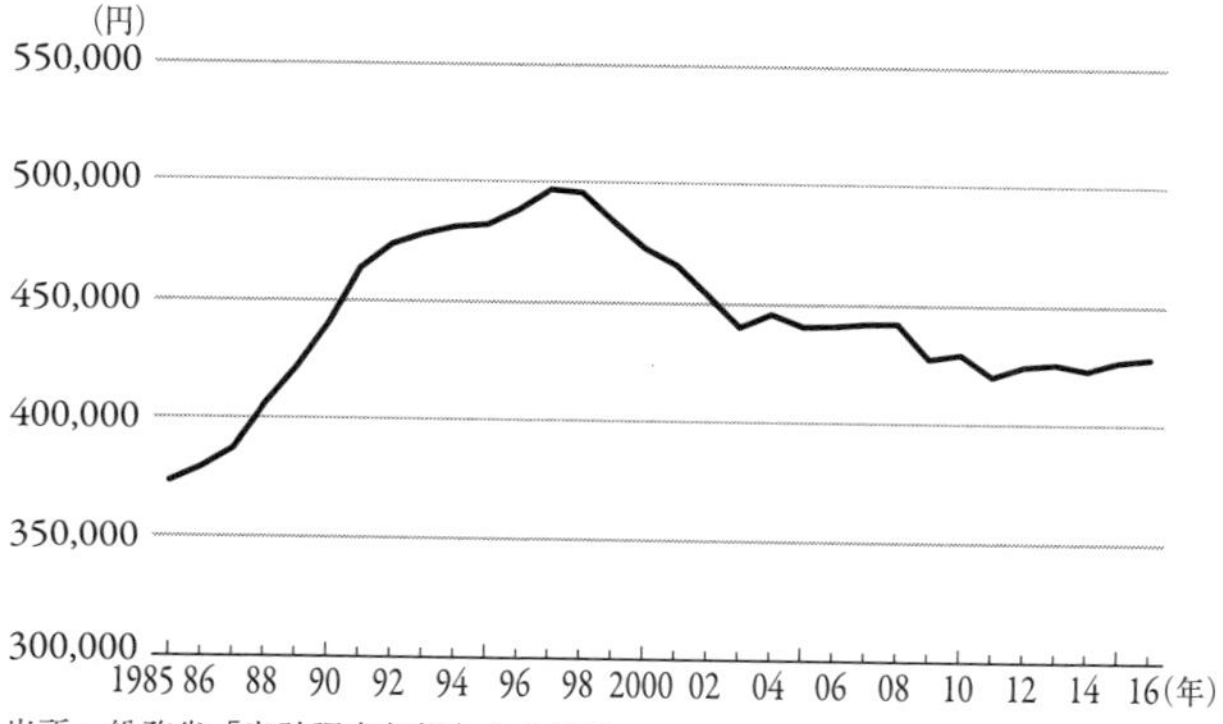

出所：総務省「家計調査年報」より作成.

　こうして、先進国クラブと呼ばれた以前とはことなり、現在では旧東欧諸国や新興国が多数参加している。そのなかで1人当たりGDPが平均以下だということだ。ちなみにG7主要先進国のなかでは最下位である。

　次に、税や社会保険料を引いたあとの手取りである「可処分所得」を見てみよう。

　図2-2は勤労者世帯の可処分所得（月額）を示している。1997年をピークに減少を続けてきたことがわかる。この図によれば、驚くべきことに、僕たちがもっとも豊かだったのは20年以上前だということになる。

　この1997年から2016年の約20年の間に、勤労者世帯の可処分所得は約13％も減っている。ちなみに、ピーク時の所得が維持できた

図 2-3

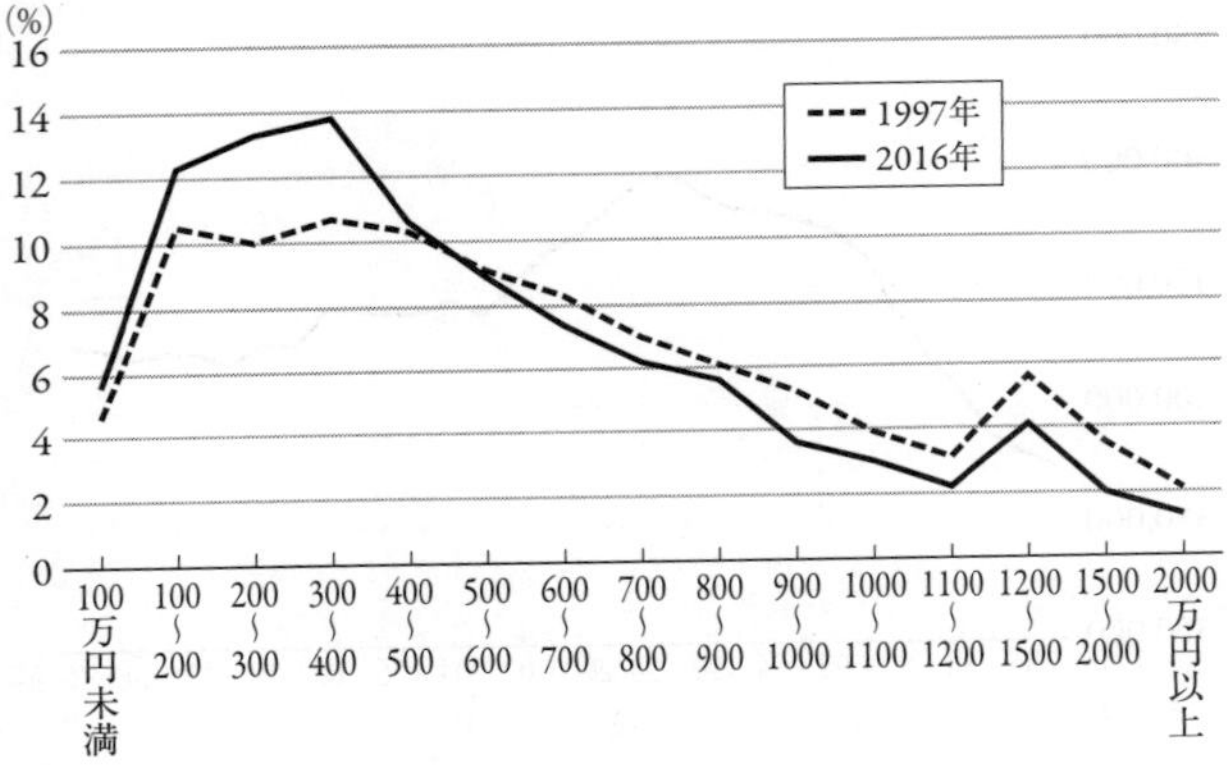

出所：国民生活基礎調査より作成.

としよう。すると毎年の所得の減少＝貯蓄の喪失と考えることができる。これを計算してみると、この20年間で勤労者世帯はなんと約1200万円もの貯蓄を失ったことになる。

日本政策金融公庫の調査によれば、子どもの高校入学から大学卒業までの平均入在学費用は約900万円と言われている。また、自宅外通学の場合、大学の4年間で約500万円の仕送りが必要だという。

あわせた金額は1400万円。失った貯蓄1200万円は、まさに子ども1人をあきらめるのに十分な額だったということになる。少子化が叫ばれて久しい。ではなぜ少子化に転じたのか。それは僕たちが貧しくなったからにほかならない。

貧しくなったのは勤労者世帯だけではない。社会全体の地盤沈下も深刻だ。

国民生活基礎調査をもとに作成した図2-3を見てみよう。1997年と比較して2016年には年収400万円未満の世帯数が急増していることがわかる。

気をつけてほしい。ここで示しているのは個人の収入ではなく世帯の収入である。また、可処分所得ではないので、税や社会保険料が引かれる前の収入だ。

専業主婦世帯の数が大きく減り、共稼ぎ世帯の世帯数が急増するなかで、勤労者世帯の有業人員（仕事のある人の数）は1997年の1・66人から2016年には1・74人に増えた。それにもかかわらず世帯の可処分所得は13％も減ったわけだ。ちなみに、収入が300万円未満の世帯が全体の31％、400万円未満の世帯は全体の45％を占めている。

所得が減れば貯蓄は難しくなる。1997年以降、家計貯蓄率が減少し、2016年度ではわずか2％だ。金融広報中央委員会の調査によると、2人以上世帯の3割、単身世帯の5割が貯蓄ゼロだという。

いつ20年前の所得に戻れるのか

もちろん、高齢化が進めば、お年寄りの貯蓄の取り崩しが起きる。そこで家計調査をも

図 2-4

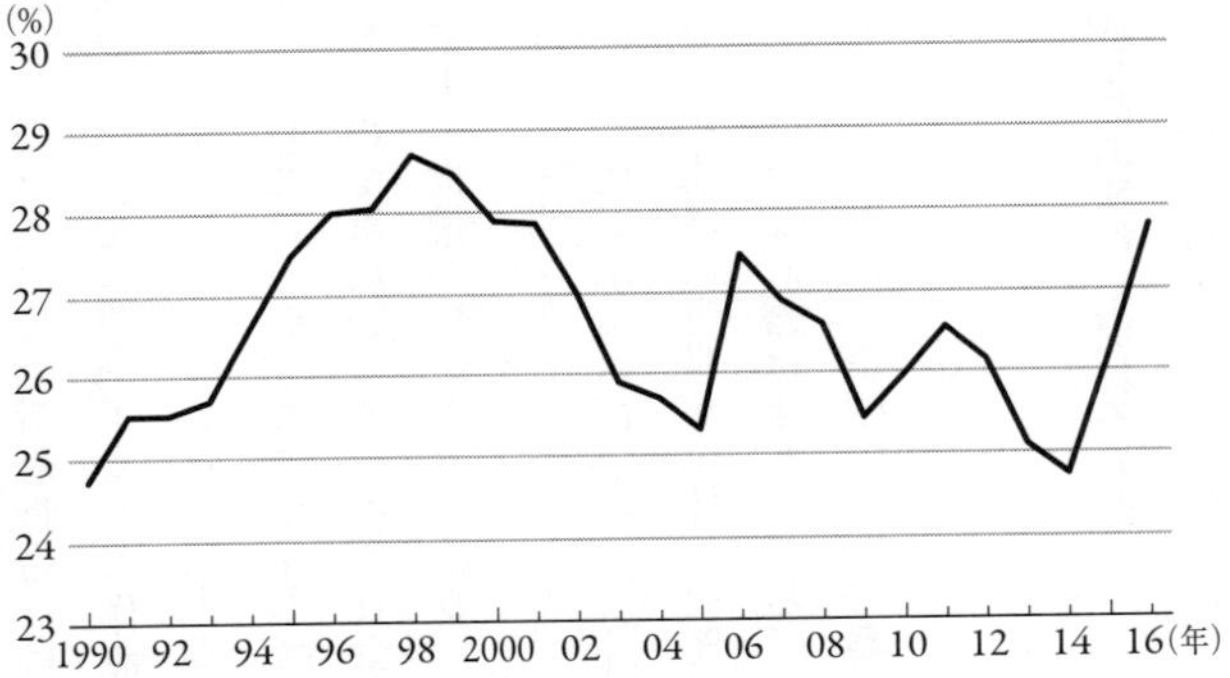

出所：総務省「家計調査年報」より作成.

とにこれを勤労者世帯に限定して「黒字率（可処分所得に占める消費以外の部分）」で測ってみたのが図2-4である。

1990年代の後半以降、たしかに黒字率は低下したが、近年ではかつての水準を取り戻しつつあることがわかる。

だが、気をつけなければならない。なぜなら、貯蓄の維持が消費の抑制で実現した可能性があるからだ。

実際、消費支出の動きを見てみると、月の消費額は1997年の36万円から28万円に減少している。先の日本政策金融公庫の調査でも、教育費の捻出方法の1位は「教育費以外の支出を削っている」だ。人びとは爪に火を灯《とも》すようにして貯蓄をおこない、なんとか子どものための教育費をしぼりだしていたのだ。

それだけではない。可処分所得に占める黒字の割合が仮に過去と変わらず一定だったとしよう。だが、現実には分母となる可処分所得じたいが大きく減少したわけだ。ということは、貯蓄額が大きく減るなかで黒字率がなんとか一定に保たれたことを意味している。

考えてみてほしい。子どものいる世帯のうち300万円未満世帯は12・5％、400万円未満世帯が20・5％おり、母子世帯に限ってみれば、前者が68・3％、後者が87・4％に達している。

税をひかれる前の年収が300万円から400万円で、貯蓄もまったく不十分にしか行えないような状況のなかで、子どもを2人以上産み、育て、塾や大学の費用をまかなうことができるだろうか。おそらくは出産をあきらめるか、子どもへの教育をあきらめるかのいずれかになるだろう。

高齢者だって同じような状況だ。収入200万円未満の世帯数は全体の39％、300万円未満の世帯数は61・7％を占めている。

子育てが終わり、貯蓄がある世帯もある。だが、内閣府の調査によると、「日々の暮らしに関して社会として重点を置くべきもの」という問いにたいし、72％が「老後を安心して生活できるような収入の保障」と答え、また、高齢者の7割が自分や配偶者の健康や病気のことに不安を、6割が要介護状態になることに不安を抱えている。

第2次安倍政権のもと、2013年から17年の間に勤労者世帯の実収入は、月平均1万円増えた。これがアベノミクスの成果だというのは事実だ。だが、この増大がこれまでに見てきた日本経済の地盤沈下にたいして、あるいは僕たちの生活の劣化にたいして、どの程度の意味を持つのであろうか。

じつは、勤労者世帯の実収入は、ピーク時とくらべると6万円低下している。4年間かけて実収入は1万円増えた。だが、もう5万円を取りかえし、いまから20年前の所得に戻るために、僕たちはいったい何年待たなければならないのだろうか。

自己責任が果たせなかった人びと

アベノミクスは僕たちにこう語りかけている。歴史に残るような空前かつ絶後と言いうる経済実験をおこない、しかもオリンピックの需要が重なってもなお、僕たちが20年前の生活水準を取り戻すためには相当の時間がかかる、と。

この限られた成長しか期待できない経済、気の遠くなるような遅々たるあゆみでしか成果を出せない経済に依存し続ける社会は正しい姿なのだろうか。

状況はますます悪化する。日本経済研究センター「第44回　中期経済予測」によると、オリンピックが終わったあとの潜在成長率は0％台なかば、実質成長率も0・6％程度にとどまるという推計がある。くわえて、オリンピックが終わって10年後には、人口がピーク時より1割近く減るという推計もある。

経済の復活をのんびりと待ち続けるのか、それとも新しい道を切り拓くのかがまさにいま問われている。このまま指をくわえてオリンピックの訪れを待っているとすれば、いよいよ僕たちの社会は、先進国グループからこぼれ落ちてしまうかもしれない。

ようするに、こういうことだ。

がんばって経済を成長させようというかけ声が大事なのではなく、成長に依存し続ける社会のあり方にピリオドを打ち、戦後をつうじて形作られてきた生活の保障のあり方そのものを問いかえす時期にきているということだ。

藤田孝典の描いた貧困の現状、そして、次章で今野晴貴の描く労働者の苦しみの深刻さは、まさにこうした社会改革の必要性を物語っている。

では、いったい戦後の日本の生活保障はいかなるものだったのだろうか。

人間が生きていくためにはお金を必要とする。だが、人間が人間らしく生きていくためには、お金だけではなくさまざまなサービスも必要だ。教育、医療、介護、子育て、障がい者福祉、住宅、どれひとつ欠いても安心した暮らしを手にすることはできない。

だが僕たちは、自ら汗をかいて働き、自ら貯蓄すること、別のことばで言えば、勤労と倹約という「自己責任」でこれらのサービスを市場から手に入れる社会を作ってきた。

一方、政府は、社会保障や教育を広く人びとに提供するのではなく、それを買えるような状況を作ること、つまり減税による所得の還付と公共事業による働く機会の提供を高度経済成長期から1990年代にかけて繰り返しおこなってきた。

読者のみなさんも思い当たるフシがあるはずだ。

子どもを塾に行かせ、学校に行かせるための費用。老後や大きな病気をした時のための費用。住宅を手に入れるための費用。さまざまなコストを自分たち自身のたくわえで何とかしてきた/何とかしようとしているのではないだろうか。

ここで図2-5を見てみよう。日本は社会保障のうち、働く世代に向かう分がとても低いことがわかる。高齢者向け給付との差は歴然としている。

社会保障だけではない。教育も社会の責任ではなく、家庭の責任だと考えられる。教育

図 2-5

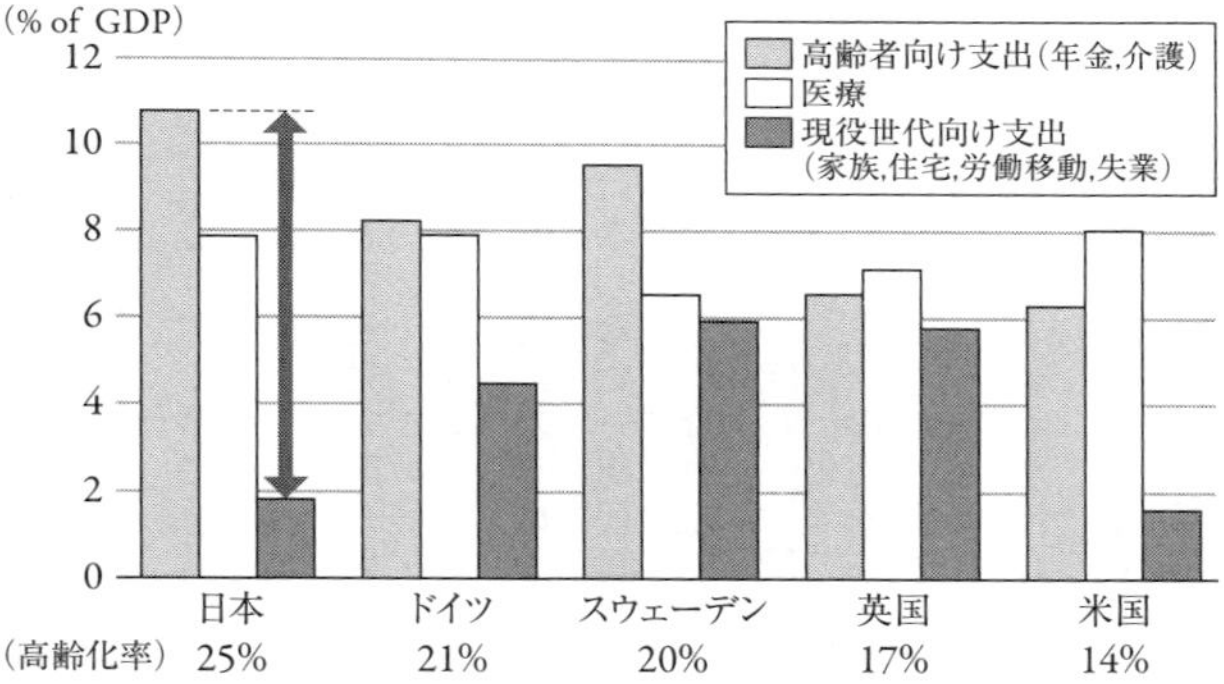

出所：経産省「不安な個人、立ちすくむ国家」より作成.

の自己負担の大きさは先進国のなかで最高水準だ。

つまり、勤労と倹約が社会の前提にあり、社会保障はこの勤労を終えた立派な高齢者に限定して給付されているのである。

家族よりも死を選ぶ社会

確認しておこう。政府は、働く人たちの将来を守ってくれない。だが注意してほしいのは、その将来不安は貧しい人たちだけの問題ではない、ということだ。

それぞれ年収1000万円を稼ぐカップルがいるとしよう。彼らは2000万円の前提でローンを組み、子どもの数や教育の水準を決めるだろう。だが、そのうちの一方が、例えば精神的な疾患を抱えたり、大きな病に倒れたり、事業に失敗したりしたとしたらどうだろう。即座に住宅を手放し、子どもの教育をあきらめなければならなくなる。

じつは僕は2011年に急性硬膜下血腫で死にかけたことがある。わが家は共稼ぎ世帯ではない。僕はベッドのなかで、子どもの教育をあきらめるしかないと思った。あるいは今野晴貴の第6章を見てほしい。精神疾患を抱えて仕事を続けられない人の数も、ものすごい勢いで増え始めている。この人たちも同様に将来不安におびえているはずだ。

なぜ、こんなことになるのか。そう。僕たちが作り出したのが、自助努力で未来を切り開かなければならない「自己責任社会」だからだ。そしていま、それにもかかわらず所得と貯蓄の減少が深刻になりはじめているのだ。

ただし気をつけてほしい。僕たちは世代間対立を煽ろうとしているのではない。現役世代がこんなにしんどいのだから、高齢者の社会保障をもっと減らせと言いたいのではない。

そもそもの話、日本の高齢化率は先進国で1位だから、高齢者への給付額が増えていくことは当然のことと言わねばならない。それどころか、給付額が先進国1位ではない分、むしろ貧弱だとさえいっていい。

また、内閣府調査によれば、老後のそなえとしての貯蓄や試算にかんして「やや足りない」「まったく足りない」と答えた人の割合は57％に達している。ちなみに同様の質問にたいする割合がアメリカで25％、ドイツ18％、スウェーデン19％だったことと比べると、日本の老後の不安は突出して高いことになる。

高齢者の不安についてはすでに触れてもいるし、少なからぬ高齢者が「下流老人」化の危機に直面している現実は第1章で明らかにした。ようするに、高齢者がもらいすぎなのではなく、絶対額が不足し、高齢者も現役世代も生活不安におそわれているというのが実態なのだ。

僕たちは成長を追い求めなければ生きていけない社会を作り出した。「成長神話」ということばが定着してからずいぶんと時間がたった。だがそれは神話ではなく、成長しなければ人間らしい暮らしが失われる、そんな危機感が生んだ人びとの叫びにほかならなかった。

成長しなければ、貯蓄ができなければ、人間らしく生きていけない社会――これは決してレトリックではない。

図2-6を見てみよう。この図は自殺率の推移を示している。1997年から98年にかけて自殺率が急増していることがわかる。しかも女性の自殺率にはほとんど変化はなく、

図 2-6

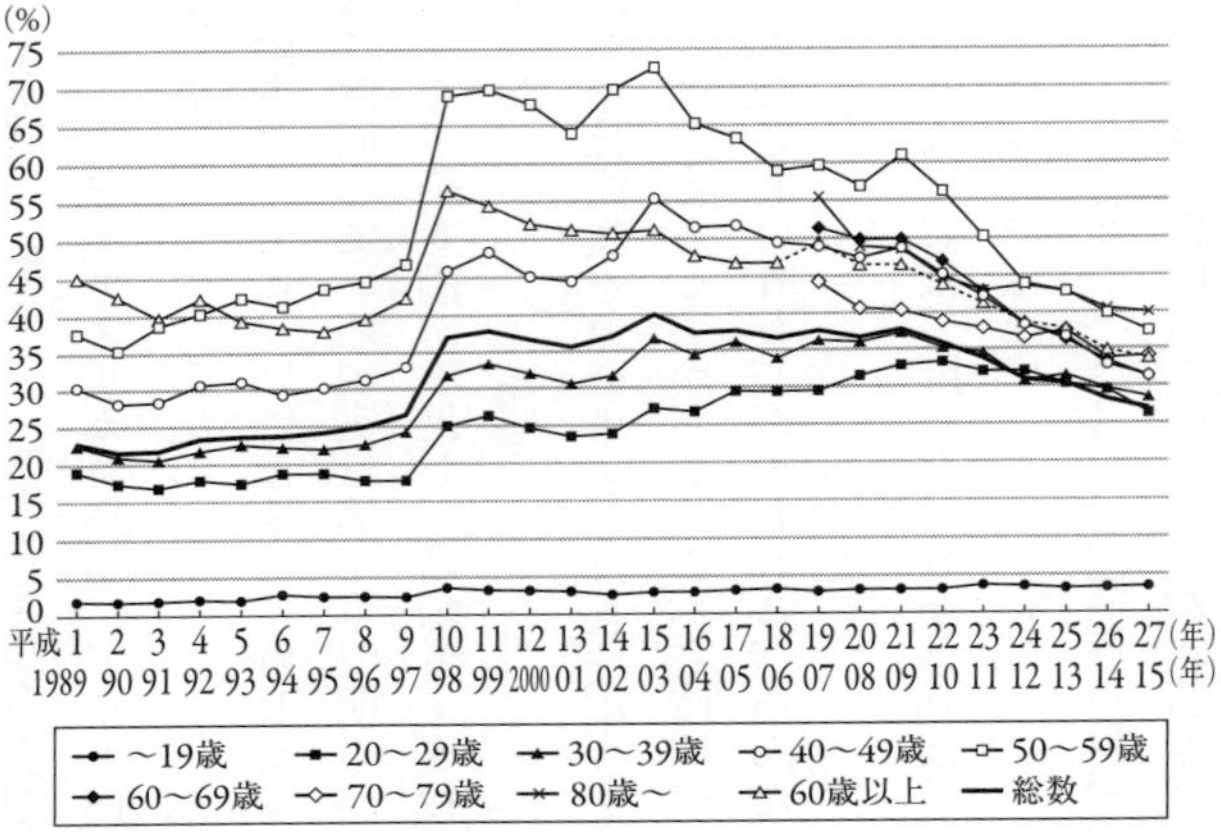

出所：厚労省「自殺対策白書」.

とりわけ大きな伸びを示したのは、40代、50代、60代の男性だった。

すでに見てきたように、１９９７年は可処分所得がピークだった年だ。そして、翌年以降、雇用の非正規化が急速に進んでいき、貯蓄率も低下していった。まじめにがんばって働いても将来の安心を勝ち取ることが難しくなったのだ。

自己責任を果たすことが難しくなった人びと、いやより正確には絶望の淵に立たされた男たちは、愛する家族や仲間のもとに帰ることではなく、命を断つことを選んだ。

ちなみに、近年自殺率が下がったように見えるが、依然として日本の自殺率は世界で6番目に高く、先進国の中では4位。惨憺たる状況だ。

もうお気づきだろう。問題の本質はアベノミクスの成否にあるのではない。僕たちは経済成長を前提とする自己責任の社会モデルを作ってきたにもかかわらず、その前提にある成長が容易には実現できない社会を生きているということ、いわば戦後の暮らしの保障のあり方そのものが問い返されているということにこそ、本質的な問いがあるのだ。

経済的失敗者＝道徳的失敗者

勤労と倹約。これほど日本人が大切にしてきた価値観はめずらしい。日本国憲法には「勤労の義務」が定められている。就労や労働の義務ではなく、勤労の義務なのである。これは先進国のなかでは異例の条文だといってよい。

だが、この発想は「経済的に失敗した人」を、そのまま「道徳的に失敗した人」と結びつける考えかたとむすびつきやすい（井手英策・松沢裕作『分断社会・日本』）。貧乏なのは自堕落だからだ、努力がたりないからだ、だからそれは自己責任だ、という具合に。

あるテレビ番組に出演したときのことだ。非正社員として働く年配の男女がいた。かれらは経済的な困難をかかえ、料理を自分で作る時間の余裕もなく、ファストフードに頼る毎日を送っていた。

それがたたってか、2人とも高血圧と高脂血症で苦しんでいた。僕はこの話を聞きながら、日本社会の悲哀を感じ取っていた。

ところがだ。「一般市民」と呼ばれる人たちは一斉にその2人を批判しはじめた。「自分の体調管理ができないのは、不摂生だ、人間として失格だ」と言わんばかりに。貧しい人の困難に寄り添うのではなく、それを道徳的な失敗とあげつらう姿がそこにあった。自己責任と自助努力をことさらに強調する社会はいまだに生きていたのだ。

戦争が終わって間もないころ、多くの人びとが貧困と生存の危機にあえいでいた。そんな時代なら、人間どうしが痛みを分かち合うことができただろう。

あるいは、人びとの記憶に貧しさとは何かが刻みこまれており、奇跡的な、おどろくほどの経済成長が達成できた時代もよかった。ほとんど人びとが自分の責任で豊かな生活を手にすることができたし、貧しさへの共感や配慮も成り立ったからだ。

しかし、バブルが崩壊し、経済構造が大きく変わるなかで状況は激変する。他者への寛容さが社会の前提とはならなくなっていくのである。

すさまじかった賃金下落圧力

1990年代、日本財政の歴史に残る、大規模な所得減税と公共事業がおこなわれた。いわば、勤労者に巨額の資金がくばられ、土木事業をつうじてさまざまな勤労のチャンスがあたえられたわけである。

所得を増やし、倹約と貯蓄にいそしめば、将来不安から解放される。いかにも日本らしい経済政策だ。

減税と公共事業はいわば経済の気つけ薬のようなものだ。だが、日本が直面していたのは、カンフル剤ではとても対応しきれないような、いまだ経験したことのないような経済の大変動だった。

まず起きたのは為替の急上昇だ。1985年のプラザ合意以降、急激な円高がはじまった。1ドル240円だった為替相場は、数年のうちに120円近くにまで上昇し、90年代のなかばには100円を割りこむところにまで円高はすすんでいった。

10年のあいだに円が3倍近く跳ねあがったわけだ。これは輸出をおこなう際に、賃金と物価が3倍近くあがったことに等しい。

日本企業は思い切った賃金の削減をせまられた。日本的経営の柱ともいうべき「年功序列賃金」の見なおしをもとめる「新時代の「日本的経営」」が日本経営者団体連盟（日経連）によって発表されたのは、1995年のことだった。

これに、BIS規制によって、返済の義務のない資金、いわゆる自己資本の強化が銀行にもとめられるという海外からの圧力が加わった。

資産にしめる自己資本の割合を自己資本比率という。この比率を8％以上にしなければ海外での金融業務を規制されるという合意がととのえられたのである。

自己資本比率を高めるためには、分子である自己資本を増やさずとも、分母である資産を減らすことで対応できる。そこで銀行は、資産のなかの企業貸付を急速に減少させていった。いわゆる貸し渋り、貸しはがしである。

借り入れが難しくなった企業は、90年代の半ば以降、人件費の削減をすすめ、設備投資や資産運用のための内部留保を増やす道をえらびはじめた。金融機関からの借り入れによってではなく、内部留保によって設備投資をおこなうこととしたのである。

そして、アジア通貨危機による輸出の減少と、山一證券や北海道拓殖銀行の倒産にみまわれた1997年、いよいよ企業は経営方針の大転換にのりだした。

雇用の非正規化が加速し、賃金の下落、世帯収入の減少、貯蓄率の低下が明確になっていったのがまさにこの頃だったのはすでに見たとおりである。

新自由主義へ

自己責任社会の前提にあったのは「経済成長→所得の増大→貯金の充実→将来の安心」というロジックだった。その意味で自己責任社会は破たんした。雇用と貯蓄、この自己責任社会の前提にあった二つの生活の土台が崩壊してしまったからである。

だが問題はそれだけではなかった。減税と公共事業が全面発動されたことによって、かつてないほどの政府債務が生みだされてしまった。

不運だったのは、財政が空前の債務に苦しめられた一方、人びとは政府にたいして景気対策の要望を次第に強めていったことだった。

『国民生活に関する世論調査』を見てみると、それまでは政府への要望のなかでトップだったのは、年金や医療などの社会保障の充実だった。ところが、アジア通貨危機以降、景気対策が上昇を始め、2000年に社会保障を追い抜いてトップに躍り出るのである。

巨額の政府債務をかかえ、身動きの取れなくなった政府は、国民を説得するためにロジックを作り変えなければならなかった。歳出を減らし、規制を緩和することで政府を小さくすれば、経済の成長を生みだせるというロジックへと。新自由主義である。

1995年に財政危機宣言が出され、参院選惨敗をうけた小渕恵三政権でふたたび財政出動がおこなわれるという曲折を経たのち、2000年代に政府は新自由主義路線へと大きく舵を切っていった。

雇用は不安定化し、多くの人たちの暮らしは目に見えて悪化していった。非正規雇用が急増し始めるのもまた、1990年代の後半のことだった。そして、勤労と倹約によって成り立っていた自己責任社会に追い打ちをかけるように、市場原理や競争主義、さらなる自助努力、自己責任論が持ち込まれたのである。

傷ついた人たちへの配慮は消えた。多くの人たちが痛みに耐えるなかでの我慢競争。自己責任と自助努力による生存競争。生活防衛のための負担転嫁競争。それはあたかも「幸福の大きさ」から「不幸の小ささ」へと価値観が移り変わり、「幸福を分かち合う時代」から「小さくてすむ不幸を奪い合う時代」に歴史が転換したかのようだった。

中間層だと信じたい人たちの抵抗

第4章であらためて論じるが、財政とは、生存と生活の土台をささえるための手段だ。だが、人口減少がはじまり、コミュニティのささえ合いが弱まっていくなかで、財政の削減がもとめられていくこととなった。

こうして自己責任社会の逆回転、逆機能がはじまった。

平等主義国家の面影は消えた。働いても所得が増えない人びと、貯蓄がままならない人びとにとって、勤労は苦痛の度を強めていくばかりだった。そして勤労の先にもたらされるのは、不安な未来と貧困のリスクでしかなかった。

いまの日本社会には、家族や友人と過ごす時間を、いやそれどころか結婚することや子どもを生むことさえもあきらめながら、生活不安におびえる人たちであふれている。過酷な競争を強いられ、それに敗れ去ればどうなるか。待っているのは同情やいつくしみのことばではない。自助努力がたりないからだ、ぜいたくな暮らしをしたからだ、もっと大変な人がいるのだからがまんしろ、そんなものは自己責任だ——追及のことばだ。

多くの日本人は、いまだに「経済的失敗者＝道徳的失敗者」という勤労と倹約の教義から抜けだせていない。そして、強者を引きずり下ろすだけではなく、自分よりも弱いものを叩きのめす「押し下げデモクラシー」が静かに浸透している。

内閣府の調査に自分の属する所得階層（上・中・下）を尋ねたものがある。この調査を見てみると、きわめて興味ぶかいことに、自分が「下」に属すると回答した人の割合はわずか4・2％であり、92・7％が「中」と回答していることがわかる。

日本の相対的貧困率は15・6％である。あるいは先にも触れたように世帯収入が300万円以下の人たちは全体の31％に達しており、平均所得以下の人たちで見れば、それは全体の6割に達している。それにもかかわらず自分が低所得層だと感じる人たちはわずか4・2％しかいないのである。

この差が意味するもの、それは現実には低所得層なみの生活水準に置かれていながら、自分はギリギリ中間層で踏みとどまっていると信じたい人びとが大勢いるということだ。この人たちに格差是正や貧困の解消を訴えればどうなるだろうか。

勤労の苦痛に耐え、日々の生活をなんとかやり過ごす人びとは、はたらかずにお金をもらう生活保護者を非難し、貧困を自己責任だと突きはなし、仕事につくように迫る。残業代をもらえず、長時間労働を余儀なくされる低賃金の正社員たちは、非正規労働者の処遇改善を優遇だ、甘やかしだと非難する。

貧困の苦しさをうったえる女子高生がテレビに出演すれば、「自分たちの方が暮らしはきびしい」「貧しいくせにぜいたくな持ち物をもっている」「こんなものは貧困ではない」と苦情が殺到し、ネット上でもバッシングの嵐が巻き起こる。まさに藤田孝典が説明したとおりの醜悪な社会の姿がここにある。

印象的なデータがある。財政をつうじた所得再分配の効果を見てみると、調査対象となったOECD21カ国のなかで最低レベルだ。弱者にたいする寛容さをこの社会は明らかに失いつつある。

低所得層への転落の恐怖におびえる中間層は、政府や既成マスメディアへの反発を強め、急速に保守化、排外主義化の動きを強めている。そして、その恐怖を逆手にとるように、転落の恐怖をあおりたてるポピュリズムやヘイトスピーチが日本、そして先進各国で勢いをましている。

こうした現実を直視すればあるひとつの問いにたどりつく。それは「社会的弱者とはいったいだれのことなのか」という問いである。そしてその答えはこうだ。「貧困に苦しむ人たちだけではない。大勢のこの社会を生きる人たちなのだ」。

なぜ他者を攻撃するのか

だれもが弱者になりうる社会。そのなかで弱者がさらなる弱者を叩いて溜飲を下げる民主主義。このような悲しい現実は、僕たちの財政の作りかたと深く関わっている。

「みんなの利益」と言ったとき、多くの読者は首をかしげるに違いない。

簡単な例を見てみよう。イギリスやカナダでは医療費が無料だ。ヨーロッパでは多くの国々で大学教育は無償化されている。介護や子育て、そして介護サービスも安価で提供されている。つまりこれらのサービスはすべて「みんなの利益」になっているのである。

ところが、日本の財政では、義務教育、外交、安全保障、この三つの領域だけが「みんなの利益」であり、これ以外の部分はすべてが「だれかの利益」でできている。

例えば介護サービスは、よほどの重病でない限り原則として、65歳以上の高齢者が利用者となることを前提に制度が作られている。

大学教育や就学前教育がタダなのは低所得層だけだ。あるいは幼稚園なら専業主婦世帯、保育園なら共稼ぎ世帯という具合に、ここでも受益者が特定されている。

公共事業が地方の利益とみなされ、ハコモノ批判をさんざん加えられてきたことは、みなさんもご存知のとおりだ。所得階層でいっても、公共事業は低所得層の雇用と結びついている。

ようするに、日本では、どれもがお年寄りや貧しい人たち、つまり「だれかの利益」になっている。だからこそ、財政事情がきびしくなり、支出削減がもとめられるようになると、どこから削るか、だれから削るのかの不毛な争いがはじまることとなる。

思い出してほしい。

公共事業、特殊法人の浪費、公務員や政治家の数・給料、生活保護の不正受給、復興予算の流用、薬の値段、次から次へとムダ使いのレッテルがはられ、「犯人さがし」が横行し、既得権者を「袋だたき」にする政治が続けられてきたではないか。自分たちの生活がきびしくなるなかで、既得権をもつ人たちにたいする強い反発が生み出されたのだ。

奇妙だったのは、その既得権者には、貧しい人までもが含められたことだ。

ニーチェは強者にたいする嫉妬や憎悪を「ルサンチマン」と呼んだ。だが、いまの日本社会では生活保護利用者でさえ既得権者であり、生活苦におびえる人びとが、明らかな弱者を強者と取り違えながら攻撃を加えている。明らかにゆがんだルサンチマンだ。

それだけではない。「犯人さがし」と「袋だたき」の政治は、仲間意識や連帯感をうしなわせ、社会を分断し、藤田や今野が示唆するような「統合の危機」とも言うべき状況をうんでいる。

そのような社会では、当然のことながら、他者のために税を払うことは拒絶される。租税抵抗は税収を不足させ、財政を危機的な状況におとしいれ、社会的弱者への給付を不可能にする。分断を象徴するかのように財政が危機になり、格差が広がる。

財政の危機と社会の危機とは表裏一体の現象だ。もちろん、財政健全化は重要な政策課題だ。だが、不幸なことに、財政健全化を至上命令と考え、歳出削減を強行すればするほど、人間と人間の間に分断のくさびが打ち込まれ、増税は難しくなる。

経済が、社会が、政治が明らかな行きづまりを見せている。

今日よりも素晴らしい明日を人びとは夢み、それを僕たちは進歩と呼んできた。だが、僕たち日本人の歴史は、この進歩の軌道から大きくはずれ、いまだ経験したことのない、閉塞感におおわれた未踏の地へと足を踏み入れようとしている。

僕たちはどこに向かって歩みを進めればよいのだろうか。

第3章

日本の「労働」はなぜこれほど苦しいのか？

……今野晴貴

僕は大学生だった2006年にNPO法人POSSEを立ち上げ、以来、1万件を超える労働・生活相談に関わってきた。労働問題の研究をしながら、現場に向き合い続け、今日では一般的となった「ブラック企業」という言葉を世の中に普及することにも関与した。

よく、「なぜあなたは労働問題に取り組んでいるんですか？　親が過労死したんですか？　組合活動家の息子ですか？」などと聞かれる。（残念ながら？）、そのような経験は一切ない。僕は平凡な人間だと思うが、学生時代にはじめた労働相談であまりに不条理な日本の労働状況を目の当たりにして人生観が変わったことが大きかったと思う。

たとえば、暴力や強制・無賃労働といった明白な違法行為がおこなわれても、権利を行使して状況をただすことは、労働者にとって人生をかけなければならないほど難しい。これは不条理というものではないだろうか。

最近では「人手不足」という言葉ばかりがメディアに登場し、労働問題は景気回復と経済成長によって解決していくかのような誤解を与えている。ところが実際には、かつてのように、「がんばれば報われる」仕事はどんどん減っている。逆におおくの企業は劣悪な労働条件を労働者に押し付けることで、無理やり利益を出そうとしている。

前章で井手英策は、もはや「勤労できない」日本の実情を述べたが、だからといって社会が自然とその方向に向かうことはない。そのことは、今日でも「ブラック企業」が跋扈《ばっこ》している現実を見れば分かる。

僕はむしろ、「勤労」にしがみつくことで、かえって社会が破壊される様子を目の当たりにしてきたのだ。

まずは、今の日本の労働破壊の実情を見ていこう。

差別から生存の問題へ

劣悪な労働条件で知られる非正規雇用は、近年大きく様変わりした。ただ数が増えただけではなく、パートやアルバイトとは異なり、フルタイムで働き、その収入で生活する労働者（「家計自立型」非正規雇用）が増えたのだ。90年代前半までは、非正規雇用であっても、その多くが「主婦」や学生であることから、大きな問題とされてこなかったが、もはや、それでは済まされなくなっている。

２００８年のリーマンショック時に問題となった製造業派遣・請負労働者の場合を見てみよう。彼らは残業もあるフルタイムで働いていたが、時給は決して高くない。比較的賃金が高い自動車の組み立て工程であっても、１１００円前後が相場だ。

しかも、時給はほとんど上がらず、また契約期間は3カ月から半年程度の更新制。その上、契約期間中も「減産になった」の一言で、いつ切られるかわからない。ある大手派遣会社の業務担当者の証言は、その現実を生々しく表現している。

毎日10人も、20人もその場の生産状況で人が要る、要らないという生産上の需給変化も激しいものでした。取引先によっては「今日はもういらない」、「明日からもういらない」と突然言ってくるような状況もあります。面接と工場見学を終え、明日からその工場で働きますって言ってくれた人がいた場合、とても困った状態になります。業務担当としてはただ謝るしかありません。「今突然締め切りになっちゃって」と言ってなんとか別の現場を紹介する。それでだめだったらうちの会社で働くことは諦めてもらうしかない。(『POSSE』創刊号、2008年)

このような働き方が、「一家の大黒柱」に対してさえも、当たり前に適用されるようになっている。非正規雇用の問題は、差別の問題から、生存の問題へとシフトしているのだ。

派遣・請負労働者の過酷な現実

右に見た実態からは、製造業派遣・請負労働者がいかに安く、使い捨てにされてきたのかがわかるだろう。だが、問題は労働条件だけではなかった。派遣・請負労働では、実際に労働者を働かせる企業は彼らと契約を直接結ばず、雇用に責任を負うことがない。いわゆる「間接雇用」である。

間接雇用では、労働者を使用する企業は労働者に対して契約上の責任が生じない。彼らが直接に責任を負うのは、派遣・請負会社との契約に過ぎない。契約の形態が業務請負の場合には請負労働、労働者派遣契約の場合には派遣と呼ばれて区別されるが、実質的な間接雇用であることに変わりはない。

実際の雇い主である派遣先の会社と労働者とは、いわば「縁を切った」状態となる。その発想の酷薄さは、派遣先企業の具体的な行動に現れてくる。

まず、派遣労働者の賃金は、通常の社員と同じように「人件費」としては扱われない。彼らの賃金の費目は「物品費」として扱われる。また、社内の福利厚生などを一切適用しない場合が大半である。それどころか、重大な事故や病気の際にも、救急車すら呼ばれないことがあるのだ。次のようなエピソードが典型的だ。

人材請負会社Dを通じて働くYさんは、過酷な労働のなか、背中左側に激痛が走って筋肉が硬直し身動きができなくなった。供給先の班長らはその報告を受けても救急車を呼ぶことすらしなかった。Yさんは約1時間は立ったまま、その後40分間は座らされて放置された。請負なら労働者を指揮監督するために常駐しているはずの請負事業者の責任者はいなかった。結局Yさんは、D社の担当者が到着してからワゴン車の床に寝かされて病院に搬送されたが、入院費を含めた治療費は自費で支払うよう求められ、高額な医療費は支払えないので入院を断って痛みをこらえて帰宅した。(中野麻美『労働ダンピング』95〜96頁)。

そして、2008年秋にリーマン・ショックが起こると、彼らは真っ先に職場から放逐された。このときの排除の仕方が半端ではない。

厚生労働省が2008年11月以降、2009年2月18日時点まで、約2万1千人の雇用状況を調査したところ、雇用が継続していたのは登録型派遣が5・8%、常用型派遣の有期雇用では11・8％（1年以上の勤続者）、無期（派遣会社の正社員）でも21・0％に過ぎなかったのだ。

強烈な勤労主義の背景

井手英策が述べたように、日本には強烈な勤労主義が根づいている。だれしも、「がんばって働けば豊かになれる」という確信に満ちた社会。

日本にこのような勤労主義が定着したのは、戦後、「終身雇用」や「年功賃金」に代表される日本型雇用が定着したからだ。

新卒の正社員就職率はかなりの高率で、辞めさえしなければ年功賃金と長期雇用が保障される。学歴や職種にかかわらず、（実際には厳しく選抜されるのだが）昇進の可能性がだれにも残されていた。

そして、世代を超えた階層移動も盛んだった。農家や中小企業で働く労働者の子どもたちが大学教育を受け、大企業に入社する。子どもの教育に力を入れて、受験競争を勝ち抜くことができれば、世帯の階層的な上昇が可能だった。

そればかりか、日本の社会保障制度もまた、企業に強く依存してきた。年金は企業年金部分が大きく、住居は年功賃金を当て込んだローンによる持ち家中心政策が採られ、子育て資金も私費負担が高い割合を占め、これも年功賃金による支払いが当て込まれていた。

このように、日本型雇用の中にいれば、生きていける。だが、その外に一歩でも出てしまえば、生活の保障はない。だから、日本では何とかこの日本型雇用の中に入ろう、なるべくなら保障の大きい大企業に入ろうと考える社会意識が生まれた。

逆に言えば、非正規雇用の労働者は、まさにそこから放り出されているために、生きていくことができないのだ。こうして、日本の労働者たちは、欧米では考えられないほど企業活動に没入した。それは、人生をまるごと預けるようなレベルであったといえるだろう。

過酷な日本型雇用

一方で、日本型雇用は決して「やさしい」雇用ではなかった。終身雇用・年功賃金が保障される代わりに、一生涯、会社のなかで貢献度を競わされる。低成長時代に入ると、「貢献度」の測り方はいよいよ厳密になり、過酷な労働を生み出していった。

それでも、会社を辞めることはできない。それは将来にわたる生活保障を丸ごと失うことを意味するからだ。端的に言って、年功賃金を当て込んでローンを組んでいたら、辞めることなど不可能だろう。

だから、会社の中で、どんな過酷な命令にも従わざるを得ない。全国転勤の命令や、限度のない残業命令。このような、世界的にみて異例なほど理不尽な命令が慣例となっているのが、日本型雇用の特徴だ。海外ではあらかじめ契約した仕事以外の労働に従事させることはできないが、日本型雇用では、企業に命令されれば、どんなことでも従事しなければならない。そうした契約慣行は「空白の石板」とまで呼ばれている（濱口桂一郎『新しい労働社会』）。

裁判所も「人事権」の名のもとに、企業の広範な命令権限を認めてきた。終身雇用を維持するためには、リストラではなく、配置転換や残業によって労働需要の調整をおこなう必要がある。そのためには、どんな命令も許されるのだ、と。

つまり、日本型雇用は終身雇用、年功賃金、そして「無限の指揮命令権」を使用者に与える雇用慣行だった。だから、勤労主義社会とは、企業にとことん服従する代わりに従業員としての自らの地位を確保する、という関係性が当たり前となった社会なのだ。それは、「日本型雇用に適応しない者がどうなろうと知ったことではない」（つまり、「死のうが貧困になろうが自己責任だ」）という、他者へのまなざしを含みもつものだった。

こうして、勤労主義が蔓延する社会では、逃げ場のない労働に多くの人びとが駆り立てられ、「過労死」を国際語にしてしまうことになった。

企業別組合の重大な弱点

日本型雇用が社会を覆っているのは、日本の労働組合が企業別に組織されていることと密接にかかわっている。実は、日本型雇用は国が法律で定めた制度ではなく、労使の交渉によって作られた労使慣行であり、交渉で取り決められた労働協約によるものだ。裁判所はこの慣行を追認したに過ぎない。

1950年代、60年代には多くのストライキが敢行され、労組は年齢給を勝ち取り、雇用を守るために多くの血が流された。70年代には経営側もこれ以上の争いを望まず、むしろ、企業別組合との間で日本型雇用慣行の約束を守ることで、労働争議をなくそうと考えるようになった。ところが、こうして労働者が「勝ち取った」はずの日本型雇用には重大な欠陥が潜んでいたのだ。

企業別組合がおこなう交渉の特性は、海外と比較するとわかりやすい。欧州の労働組合の場合、労働組合は企業別にではなく、企業を超えて組織される。経営団体と交渉するために、労働条件も最低ラインを企業横断的に設定している。

欧米では企業を超えて、産業や職業ごとに最低の労働条件を定めているわけだ。ある仕事の場合、ある程度のスキルの労働条件は最低でもこのくらい、ということが企業横断的に設定されているために、個別の企業が一方的に決めることはできない。いわば、「職業的な連帯」が労使交渉の基礎にある。

これに対して企業別組合では、そのような共通の基準を作ることができなくなり、個別企業ごとに賃金交渉をおこなうことになる。すると、労働者は企業間の競争に簡単に動員されてしまう。A社とB社が競合しているとして、「わがA社が存続するためには、B社よりも長く働いてもらうしかない。残業代も出せない」といわれると、断りがたいのだ。

終身雇用・年功賃金の身分を維持するためにも、企業をつぶすことはできないし、なんとしても自分の企業を成長させたいと思うのは当然のことだろう。

こういう欧米型の賃金決定の仕方を「職種別賃金」（企業内では「職務給」）というが、日本の賃金決定方式は、これとは対照的で、「属人給」である。つまり、仕事で賃金が決まるのか、その人の属性（男女、年齢、雇用形態、潜在能力、業績など）か、というところに大きな違いがある。

そして、その属人給の額はすでに述べたように、「会社への貢献度」を測定することで決められる。属人給の特徴は、労働者の社会への貢献（従順）度や労働者の属性で評価がなされ、「仕事」の評価という歯止めがない点にある。だから日本では、ずいぶん前から、企業が労働者の人生や生活にどこまでも介入してしまう構図になりがちなのである。

根深い「分断」と「他人事」化

企業別組合が基本となった労使関係は、日本の労働社会に根の深い「分断」を定着させることになった。

企業ごとの賃金交渉は、まず、企業内の労働者たちを分断した。「貢献度」に応じて賃金や昇進が決定されるために、労働者同士の競争が激しくなるからだ。会社は考課・査定によっておこなう際に、「仕事」だけでなく、「属人」の要素すべてを評価の対象とする。そもそも、全国・あらゆる職種への配置転換が命じられるのだから、もはや、「仕事」は評価の基準にはなりえない。このような評価は、「日本型能力主義」と呼ばれ、評価される能力は「生活態度としての能力」（熊沢誠『能力主義と企業社会』）とも呼ばれる。

会社のために、全国転勤を積極的に受け入れているか、サービス残業をしているか、接待ゴルフには積極的か、はては上司が設定したお見合いに応じたか、会社からローンを借りて家を買ったのかといった私生活まで査定の対象となった。

どれだけ会社に尽くすのか――。この評価制度が内面化され、会社への貢献が人生の多くを占める社会。世界に先駆けて「過労死」が蔓延したのもうなずけるというものだ。

同時に、先ほども述べたように、企業間の労働者同士の競争も激化した。自分自身も、他人も、「同じ労働者」とか「同じ仕事をしている人」とはならない。そこにはどこかの会社の「社員」としてのアイデンティティしか存在しない。

だから、ある会社でだれかが解雇なり賃金なりで争っていても、「別の会社の人間の話でしょ？」「だれそれ？」「自分には関係ない」というようにしか見えない。要するに、よその会社の人間の問題なんて、「他人事」なのである。

こうして、労働社会の中では、欧州のように「同じ職業の人」という括《くく》りでお互いを見ることができなくなり、会社の中でも、会社の外でも、「職業」が消失した。徹底して会社に従属し、会社とともに自分のアイデンティティを確立する社会が形成されてしまったのである。

今でも、就職の際に「有名な企業なの？」と企業ブランドが問われることはあっても、

「どんな仕事をするのか」はあまり問題にされない（新規一括採用では、そもそも自分で職種を選択できないのだが……）。日本では「就社」はあっても、「就職」はないのだともいわれる。

仕事のつらさ、「救いのなさ」の根源

さらに、仕事に対する倫理観も変容した。井手英策が次章で述べることと関係するが、近代以前は、労働はだれかのニードを満たし、直接に他人や社会に貢献することが当たり前だった。それがモラルだったのだ。

ところが、日本型雇用が広がるなかで、「会社員としての倫理」が広まっていくことで、このモラルが変化する。自社にとって都合がよければ、多少の社会悪は仕方がないという発想に変質し、これが蔓延していった。

特に、仕事の「内実」がすぐにはわからないところで、とんでもないことがおきた。たとえば、コンクリートで建物をつくっても、その頑丈さが問題となるのは何十年もあとだ。だから、コンクリートに水を入れてコストを下げる（だました企業が儲かる！）、ということが横行した。これは強度不足を引き起こす。実際、阪神・淡路大震災で多くのコンクリ

ート製の建物が倒壊して大問題となった。

あるいは、危険だとわかっている化学物質を垂れ流したりして、公害を蔓延させるといった事態も引き起こした。

こうして、人を会社の中へと囲い込み、お互いを分断するこの社会は、さまざまな弊害をもたらした。他人のことはどうでもよくなり、社会やだれかのために働くという、労働本来の倫理観は奪われていった。なにより深刻なのは、非正規雇用や下請け労働者との分断である。

女性・非正規や下請けを使えばコストが浮き、「他人の犠牲の下に」自社は儲かる。派遣や下請けを使いつぶしても、彼らを安く使った会社の「正社員」には「関係ない」というわけだ。

だから、多くの労働組合もそうした差別を長い間、公然と支持してきた。だが、実際には非正規雇用が際限なく拡大し、今では正社員と非正社員の競争状態が広がっている。「正社員なんだから、サービス残業して当たり前」。こんな職場があまりにも多くはないだろうか?

職業的連帯がなく、正規と非正規の間で競争が際限なく続いていることこそが、仕事のつらさ、「救いのなさ」の根源にあるのだ。

正社員の差別意識

一つ、エピソードを紹介しよう。次のやり取りは、大手自動車メーカーの、ある職場の花見会で派遣社員と正社員の間で交わされたものである。

正社員「お前、いくつになるんだ？」
派遣社員「26歳です」
正社員「正社員かい？」
派遣社員「いいえ、派遣です」
正社員「お前、終わっているな。26歳になって派遣やってるようじゃダメ。お先真っ暗だ。人生終わってるな」

（大谷拓朗、斎藤貴男『偽装雇用』旬報社）

その後、この労働者は居合わせた仲間とともに、派遣労働者のユニオンを結成し、派遣村でも重要な役割を果たした。僕のＮＰＯも、彼らの支援活動に関わり、大手自動車メーカーの前で合計数十万枚ものビラを配布した（多くの労働組合関係者が読んでいたことだろう）。しかし、この会社の企業別労働組合が彼らを手助けすることは、最後まで一切なかった。

破壊される「くらしの場」

会社への従属は、職業を破壊するだけでなく、「くらしの場」をも破壊した。父親の単身赴任が当たり前のようにおこなわれ、夫婦関係が損なわれやすくなった。父親は子育てに加わることもできず、子どもたちの思い出の中に残ることもない。

多くの父親は家族を支えるためにこそ、会社の「無限の指揮命令」を受け入れ、耐え忍んできた。にもかかわらず、むしろ家族のきずなは物理的に制約されている。

一方で、多くの家族関係が、あまりにも「お金」に支配されている。前述したように、日本では福祉制度も、個人単位では「企業」を通じて支給される。年功賃金を当て込んだ教育や住居費、社員だけに適用される企業福祉、そして企業につながった社会保障（厚生年金、国民年金の第三号被保険者、健康保険、その他……）。これらがなくては、まともな生活はできない。

だから、「家族」は何よりも生計の中心となった。男性は家族を養うことが期待され、それができなければ、存在価値がないかのように扱われてしまいかねない。

一方、女性は正社員の男性に経済的に従属させられる。これがＤＶや虐待の温床にもなってきた。

子育て、学費、老後のたくわえ、介護費用、介護負担などが家族の「責任」となり、いびつな「勤労」がその中心を占めた。「勤労主義」と家族の経済的責任。両者は結合しており、日本社会の特徴を形作ったのである。

だが、福祉が不十分な日本では家族が最後のセーフティーネットになっているし、企業による家族のための経済的援助を簡単に否定することはできない。その上で、日本の家族があまりに大きな「経済的な制約」を受けていることは、指摘しておくべきだろう。

「使いつぶし」型の労務管理

日本型雇用はこのように、「職業」と「生活」を破壊・攪乱してきた。最近では、日本型雇用が悪弊を残しながら縮小し、さらなる問題を引き起こしている。劣悪な正社員雇用、いわゆる「ブラック企業」が新たな社会問題となっているのだ。

終身雇用・年功賃金は、労働者に対する「無限の指揮命令」が慣例化したことで実現したものだが、そこにはジェネラリストとしての能力開発もかかわっていた。

さまざまな仕事を引き受けることができ、高度に能力を高めて企業に貢献できる。だから、企業側にも年功賃金を支払うモチベーションが生まれる。近年、このような構図が急速に崩れ始めている。労働の単純化が進むなかで、中核的な業務はますます減少しているわけだ。

例えば、外食チェーン店や小売りチェーン店でも人手は不足しているのだが、これらの業界では高度にマニュアル化が進んでおり、だれが従事しても成果に大きな差は生じない。コンビニや飲食チェーン店では、店長さえも数カ月の研修で開業できる。

そこでは、「創意工夫」や「長年の経験」が役立つ余地はきわめて限られている。チェーン店のある店舗の料理が、チェーンの味とは異なって、「一工夫」されていたら、それは問題の種にしかならないだろう。

だから、人員を極限まで削減し、低賃金でマニュアル通りに働かせることが、営業利益を決めることになる。つまり、「人×時間×時給」の削減こそが、至上命令となるような業界である。

だれでもよいのだから、低賃金の「使いつぶし」型の労務管理が奏功する。このため、外食、小売り、介護、保育、IT等々の業界では、過酷すぎる労働環境が蔓延し、高い離職率が問題になっており、その結果「慢性的」に人手不足に陥っている。

しかも、外食や小売りで典型的に見られるのは、長時間営業だ。365日店舗を営業し、徹底的にマニュアル化された労働を低コストで充当する。従来の「能力主義」とは異なる、低賃金・単純労働は、このような労働現場においては利益の源泉なのである。

これらの労働における「能力」とは、以前よりもずっと経験や知識の要素が削減された「生活態度」としての能力であり、勤勉さや「耐える能力」といってもよいものとならざるを得ない。そこに以前のような昇給制度が適用されることはない（ただし、だからといって低賃金でよいというわけではない。マニュアル化された仕事の賃金水準は、労使の交渉力によって決まる）。

経営戦略の産物、ブラック企業

ブラック企業とは、このような労働集約的な産業において、労働者を積極的に使いつぶす「労務管理戦略」を打ち立て、巨額の利益を稼ぎ出す一群の大企業のことである。ブラック企業は偶然の産物ではなく、すぐれて戦略的・計画的に考案された経営戦略の産物なのだということを強調しておきたい。

長時間労働を適法に見せかけ、うつ病になるまで働かせた上で、一切の責任がないように偽装する。これを繰り返してきたために人手不足になると、今度は「求人詐欺」という新しい労務管理の技術が生み出された。

例えば、居酒屋チェーン大手の日本海庄やでは、月給19万4500円として大学新卒の募集をおこない、実際にはその月給に80時間分の残業代を含みこませ、最低賃金で働かせていた。しかし、この固定残業代は求人では隠されており、入社後はじめて提示されていた。

入社してしまえば、「履歴書に傷がつく」ため、簡単には辞めることができない。就職のチャンスは一度だけなのだから、入社後にいくら詐欺が発覚しても「後の祭り」である。だから、若者は数年耐えた末に転職していく。だまされた企業に残って違法行為を裁判で争うような若者はまずいない。そこまで計算をして、固定残業代は活用されているのだ。同様の手口はコンビニチェーン店、外食チェーン店などで広くおこなわれている。

現在でもハローワークやリクナビ、マイナビなどの求人情報には虚偽が数多く掲載されていて、僕たちのもとには毎日のようにそうした被害の相談が寄せられる。

「洗脳研修」も、ブラック企業の「労務管理戦略」の一種である。だまして採用した労働者を逃がさないための戦略も考案済みだというわけである。次のようなインタビュー記事には驚くばかりだろう。

大手企業の研修を請け負う研修支援会社のトップに最近の新入社員研修の傾向を聞いてみた。同社長によると、新入社員研修には学生のアイデンティティーを奪う「はく奪的社会化」、現在のアイデンティティーは否定せずにルールを教える「付与的社会化」の2つのアプローチがあるという。厳しい研修を課すのは「はく奪的」のほうだ。「近年は、全体としては付与的社会化アプローチが主流だが、サービス業では厳しい研修をする企業が多いのではないか」と分析する。（日本経済新聞、2011年10月12日）

若者の「アイデンティティーを奪う」ことがビジネスとなり、一つの産業として成り立っている。それぞれの業者のあくらつさには程度の差はあるだろうが、この事実からだけでも、労働社会の実相がわかるだろう。

「使いつぶし」体質を押し隠す企業

このような状況にもかかわらず、多くの（特に上の世代の）人びとは相変わらず「正社員になったら何とかなる」という時代錯誤な意識にとらわれている。今や正社員の世界でも、安く・長く働かせ、使いつぶすための労務管理が完成しているにもかかわらず、「とにかく会社で我慢するしかない」と考えるこうした社会意識が、求人詐欺や洗脳研修といった戦略を有効にし続けているわけだ。

ブラック企業はそうした勤労主義の文化が日本に根づいていることを積極的に利用し、あたかも「まじめに働いていればいつかは報われる」かのように偽装している。そして、非正規ではなく「正社員」として大量募集をかけている。

大学も親・教師たちも「大企業に入りなさい」とこれまで通りの指導を繰り返す。巧みにだまされて、使いつぶしの経営戦略に社会全体が盲目的に突入しているようなものだ。

もちろん、団塊世代のリタイアが進むなかで、従来型の「能力主義」を導入している日本企業に採用されるチャンスも増えている。問題は、これまで述べてきたように「正社員」を採用する企業の中に、能力主義型の企業と、短期間の使いつぶし体質を隠し持っている企業が混在しており、この二つの労務管理はまったく異なる性質であるにもかかわらず、社会がそれを正しく認識していないということだ。

フルタイム労働者が次々と病む社会

使いつぶし経済が、このままさらに進んでしまえば、日本社会の再生産を脅かすだろう。端的にそれが表れているのが、傷病手当給付にしめる精神疾患での給付の顕著な伸びである。図3-1は、傷病手当給付に占める傷病ごとの割合を示したものである。若者の場合、ほとんどが精神疾患だ(グラフでは「精神及び行動の障害」)。図3-2は、その精神疾患の給付額が激増していることを示している。

フルタイムで働き、税金と社会保険料を納めていた若い労働者たちが、つぎつぎに給付を受ける側に転落している。この要因のすべてが労働環境にあるとは言わないが、ブラック企業問題を視野に入れなければ、フルタイム労働者でこれだけの精神疾患が生じ、しかも激増している理由は説明できないだろう。

こうして簡単にうつ病に陥っていく使いつぶし社会では、井手英策も指摘するように、

図 3-1

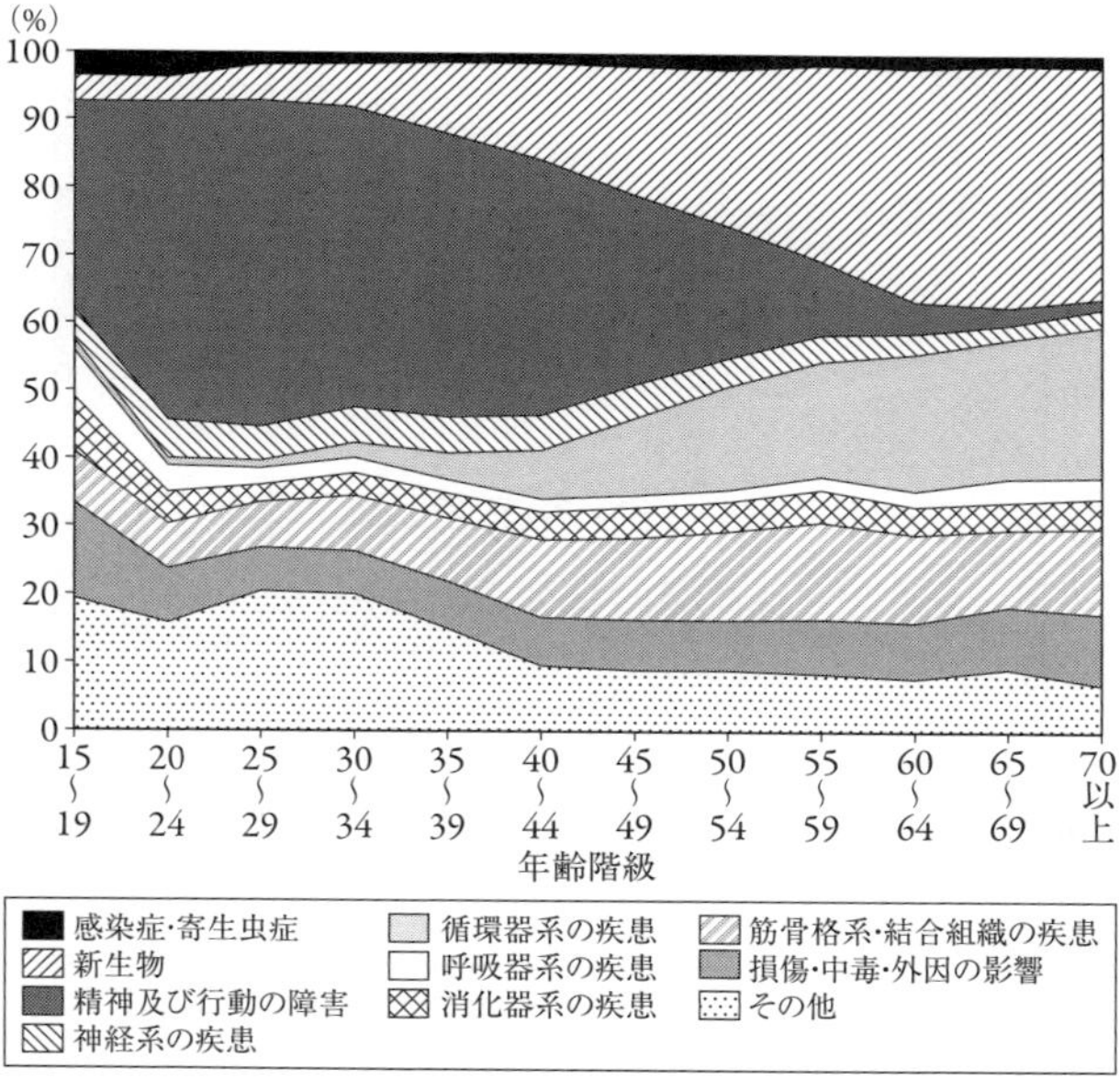

出所：全国健康保険協会「現金給付受給者状況調査」各年度より作成.

たとえ高学歴・高所得の労働者であっても容易に貧困状態に転落させられる恐れがあることも指摘されるべきだろう。「高学歴で大企業に就職」から、いきなり「うつ病で入院して貧困」というパターンも、実際にあるのだ。

低成長時代の勤労主義の行きつくところは、逆説的にも「勤労」じたいの劣化であり、労働の不効率と不幸の拡大なので

図 3-2

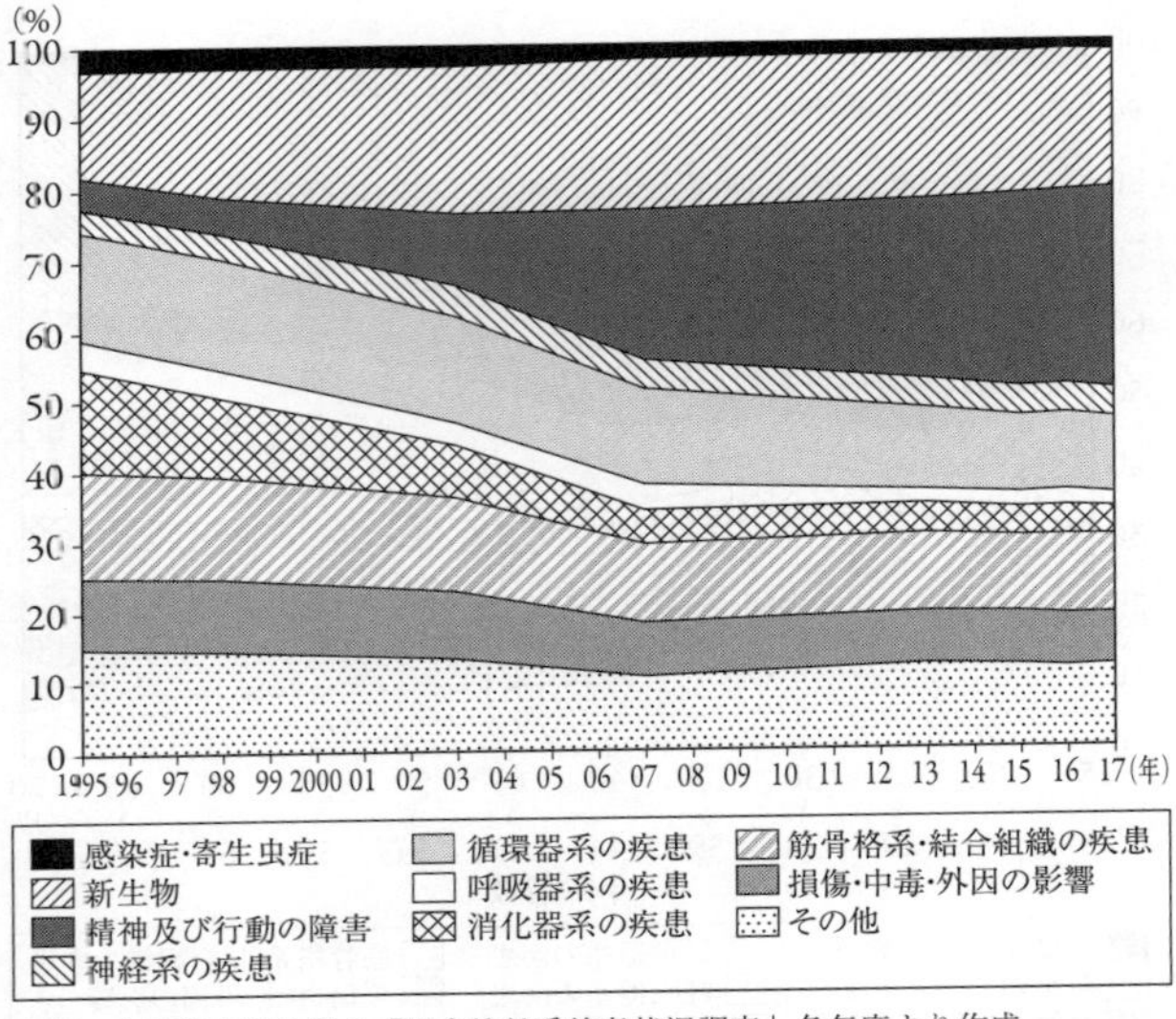

出所　全国健康保険協会「現金給付受給者状況調査」各年度より作成.

ある。

ブラック化する対人サービス業

今日の日本社会では、生産性の大幅な向上と利益の拡大が見込めないサービス業が、ますます中心となっていく。高度な法人向けサービスを除いて、特に対人サービス業は、企業の収益の対価として高い賃金を得るのが難しく、まさにブラック企業型の労務管理が横行しやすい業界だ。

厚労省の「労働力調査」を見ると、ここ数年で雇用が拡大しているのは、ほとんどが「医療・福祉」産業である。雇用総数が毎年数万人ずつ減少するなかで、2010年から2017年までに158万人も増加している。一方で、製造業やオリンピックを控えた建設業でさえも、減少を続けている。

例えば、介護を想像してみてほしい。介護で生産性を上げるということは、1人の介護士が、より多くの老人や障がい者をケアすることを意味する。もちろん、介助ロボットの導入や、器具の自動化などで効率化できる部分はあるだろうが、どこまでいっても人間に対する人間によるケアは、省力化に限界がある。

人を削っていけば「ブラック介護」になってしまい、利用者を害することもあり得るだろう。

「ワタミの介護」のブラック労働

一つ、わかりやすい例を挙げよう。「ワタミの介護」で働いていたAさんの事例である。同社では、人員を切り詰めているために拘束時間が長く、一人一人の負担が大きい業務が任されていた。そのため、労働者たちは心身ともに疲弊していたという。

Aさん自身も、オープンから二カ月で、パニック障害の発作が現れるようになってしまった。勤務中に動悸や息切れが激しくなってしまい、さらに手足の震えも起きたため、心療内科を受診し投薬治療を受けながら勤務を続けることになった。

退職者が出ると、その穴を埋めるのは、たいてい主任か副主任になる。Aさんの職場には29歳の主任がおり、体育会系で明るく、リーダーシップもあり、施設のムードメーカー的な存在でもあった。

主任は常に先頭にたち、普段の業務はもちろん、イベントの作業も進めていた。イベントでは毎回、イベントリーダーを引き受け、例えば節分の際には全身真っ赤なペイントをして鬼役を担い、みんなを盛り上げた。

退職したり、休んだりした人の穴は彼が率先して埋めて、業務がきちんと回るようにしていた。その結果、彼の残業時間はAさんを上回る月140時間ほどになっていた。

ついに、その主任にも限界が来た。施設で突然倒れたのだ。Aさんは、廊下で横になり泡を吹いている主任に声をかけたが、返事がない。意識不明だった。その後、彼は次第に、2〜3日の無断欠勤をするようになっていった。Aさんは、主任が出勤しても玄関前でへたりこんでいたところを見かけている。

やがて主任も、職場に姿を見せなくなってしまったという……。

ケア労働で利益を上げようとした末の、わかりやすいブラック労働の事例だ。

保育士を搾取し続ける経営者たち

ブラック企業が利益追求のために労働者を無理に働かせているとすれば、「もうからない」限り労働者は雇われず、多くの介護や保育の事業そのものも成立しないことになる。事実、介護保険の事業者向け給付が削減されるなかで、地方では業者の廃業が相次いでおり、「介護崩壊」と呼ぶしかない事態が進行している。

保育の人手不足も深刻だが、これも少ない補助金のなかで、儲けを出すために低賃金と人員を絞り込んだ運営をおこなっているために、世の中には働き手がいるにもかかわらず、人手不足に陥っている。社会福祉法人の保育園では、「園長が月100万円以上の収入で、保育士が月15万円というケースはザラにある」（小林美希「職業としての保育士」『世界』2018年2月号）という。

株式会社の保育園の人件費比率は社会福祉法人よりもさらに低い傾向にあり、保育士の人件費に充てられるべき補助金が、他の事業所の開設に流用されている実態がある。

東京都の助成金を受ける株式会社に対する小林美希の調査では、保育所の運営に対して支払われた委託費や補助金の合計はおよそ357億円だったのに対し、本業以外への支出はおよそ42億円、「当期末支払い資金残高」もおよそ45億円に上っていた（同）。これらの支出には、保育園の補修費用の積み立てなども含まれているものの、その多くは他施設の開所など、税金が投入された「その保育園」以外に使われている。

保育士の給与が15万円程度しか支払われていないなかで、およそ4分の1もの資金が運営費に直接充てられず、その一部は運営会社の「事業の拡大資金」に流用されていることになる。本来なら労働者に支払われるべき賃金からの搾取によって、ますます利益を拡大していくわけだ。

かつては、資本主義の発展が規模の経済と技術革新による生産性の向上をもたらし、その恩恵の一部は、労使交渉を介して労働者に分配された。だが、現代日本の保育士はいつまでたっても低賃金で、それ以上の「年功賃金」は存在しない。ただただ運営法人の利益や事業所役員の高収入のために搾取される存在なのである。その上、多くの保育所では違法労働が横行し、サービス残業、持ち帰り残業も当たり前になっている。

そんななか、「子どもへの責任感」だけが彼らを支えている。そして、燃えつきて辞めていき、「人手不足」が叫ばれる。

ブラックな保育園の経営者が「保育士の人手不足」を叫ぶたびに、僕は非常に滑稽だと思う。利益拡大を目的にしない保育運営を実現しさえすれば、労働条件は向上するし、再び保育士になりたい「潜在保育士（有資格だが働いていない労働者）」は多数いることが、とうの昔に知られているからである。

まして、ブラック企業が語る「人手不足」ほど、盗人たけだけしい物言いはないだろう。彼らの介護・保育の経営方式こそが、経済の攪乱の元凶なのである。

「使いつぶし」と「排除」

ブラック企業が攪乱しているのは日本型雇用だけではない。それに輪をかけて、人びとの暮らしや生活を攪乱している。ブラック企業の長時間・低賃金労働は、生活の再生産に必要な時間を一切残さずに搾りつくすからだ。ブラック企業の搾取は男女労働者に「平等」に及ぶ。

子育ても、家族のケアもできない。もし労働者が生活を優先させるなら、仕事を続けることは許されない。しかも、共稼ぎでなければ、教育費や住居費は賄えない。育児や介護を「専業主夫／婦」が担うとしても、相当に困窮することを前提にせざるを得ないだろう

（いうまでもなく、この構図の中で、多くの場合、女性に負担が押しつけられている）。

こうしたことを反映して、最近では、低くなった男性の賃金を助けようと、出産直後の母親が短時間でも無理に就労する傾向がみられる。女性の就労は「M字型カーブ」と呼ばれ、出産・育児を境に減少していたが、現在では「台形」になっているのだ。

このように、労働力不足の主因は、過酷な労働による「使いつぶし」と「排除」にある。本来であれば、社会に労働を提供し、次世代の育成を担うはずの労働者が、使いつぶされ、労働市場の外側に放り出される。幼い子どもや高齢者、病気や障がいのある家族がいたり、本人に健康上の問題があったりして、不払い残業に適さないと見なされた人は、そもそも雇われない。雇われたとしても、劣悪な労働条件で、ごく短期間でしかない場合が大半だろう。

搾りつくすことを前提にした労務管理は、企業の外側に膨大な労働力を排出している。そして、こうした成長戦略が、過労とうつ病によって働けない人を作り出すと同時に、働ける人を包摂することもできず、膨大な「無駄」を持て余す社会を作り出している。これに対応しようとして、ますます人びとの暮らしが撹乱されていく。

ということにある。

危機的状況にある保育の現場

ブラック労働を前提とする成長戦略の最悪の帰結は、労働内容そのものが劣化していくということにある。

前述のワタミの介護では、利用者の死亡事故が相次いでいた。2012年には板橋区の施設で利用者が亡くなった。パーキンソン病の高齢者が入浴している際に85分放置し、溺死したのだ。警察に対して施設側は、10分、目を離したすきに病死したと虚偽報告をしたことが明らかになっている。その後の行政の調査では、人員不足が原因であったと指摘されている。

「労働集約的」ななかで利益を出そうとすれば、労働者の負担が増大していくだけではなく、利用者にもしわ寄せがいき、危険が増すことになる。

同様の問題は保育の現場にも見られる。第一に、過労・低賃金、非正規雇用化で次々と保育士が入れ替わるなかで、子どものケアが十分に行き届かないという問題がある。派遣労働者を含む、低賃金の非正規雇用が増加することで、子どもたちのアレルギーなどの特徴をうまく把握できないケース、不適切な遊ばせ方でけがをさせてしまうケースが生じている。過重労働を強いられた保育士が、怒りっぽくなったり、子どもの相手をしきれなくなったりすることも生じている。

第二に、さらに深刻なのは、「保育の技術」じたいが、一部の株式会社によって書き換えられていることである。もっとも典型的なのが「エプロンテーブルクロス」だろう。これは、子どもを動けないように拘束することで、効率的に保育を行う「技術」である。

「昼食時に子どもたちの様子を見学すると、スタイ（よだれかけ）を卒業した子どもたちが、ハンドタオルで作った前掛けを首から提げているが、そのタオルを首にかけたままタオルの先をテーブルに敷き、その上に食事の入った食器が並べられていた。子どもたちは、身動きひとつできないまま、スプーンで給食を食べている。少しでも体を動かしてしまえば、エプロンと一緒に食器がひっくり返ってしまう」（小林美希『ルポ 保育崩壊』）。

実質的な身体拘束状態にして子どもを管理する技術。ある種の「虐待」にも近い状態ではあるが、低コストでの運営が可能になる。老人介護施設でよく問題となる、ベッドに縛り付ける手法にも通じるものがあろう。

それだけではない。次のような「技術」も開発されている。「（広々としたスペースのある保育所で）実際にはすべてのスペースは使わず、柵で囲って、部屋の三分の一か四分の一くらいのスペースでしか子どもは遊ばせていない。柵から外に出ようとした子どもは「ダメだよ」と保育士からきつく叱られ、抱き上げられて柵の中に〝強制連行〟されていた。子どもたちは狭い柵のなかで遊ばされ、表情が乏しかった」(同)。

この方法も、少人数のスタッフで子どもを効率的に管理するためには相当に効果的だろう。ベテランから保育技術を教わる機会がない若い保育士たちの中には、泣きやまない子どもを「怒って黙らせる」ことが当たり前になっているケースも見られるという。

これらの事例に共通しているのは、経験の乏しい保育士たちが、少ない人数でもなんとか乗り切ろうと、新しい方法を編み出そうとしていることだ。「エプロンテーブルクロス」も、柵で囲う保育も、現場の保育士たちは「よかれと思って」、現状にあわせて作り出したやり方なのだろう。

次世代への「爆弾」

使いつぶしによる経済成長戦略は、会社への従属という日本型雇用に特徴的なあり方を極限まで強め、もはや「職業」そのものの変質さえ伴っているが、この傾向は、日本社会の将来を危うくする。

幼少期の虐待経験は、精神の後々の健康を損ないかねない。幼児期に十分な愛情を受けられないと、その後の成育に支障をきたすという指摘もある。共働きの増加と保育園の変質が、こうした問題の背後にあるということは、すでに指摘した通りだ。

利益追求の原理を拡張していけばいくほど、劣悪な保育業者がはびこり、結果的に日本全体の再生産構造をさらに危険にさらしていくという現実を直視しなければならない。

利益効率に支配された保育の広がりは、それ自体、次世代への「爆弾」なのだ。

こうした指摘をすると、「株式会社を全否定するのはおかしい」という反論が寄せられる。むろん、すべての株式会社でこうした手法が導入されているわけではなく、まともな経営努力をしている事業所も「ある」。

しかし、対人サービス業での利益追求が、労働者や利用者の権利と「背反」する事例は枚挙にいとまがない。これから、ほとんどの事業所は、削減・縮小された福祉給付に頼るほかない、低所得・低貯蓄化した多数の人々を、ますます相手にしなければならないのである。

「保障の場」の攪乱

図3-3

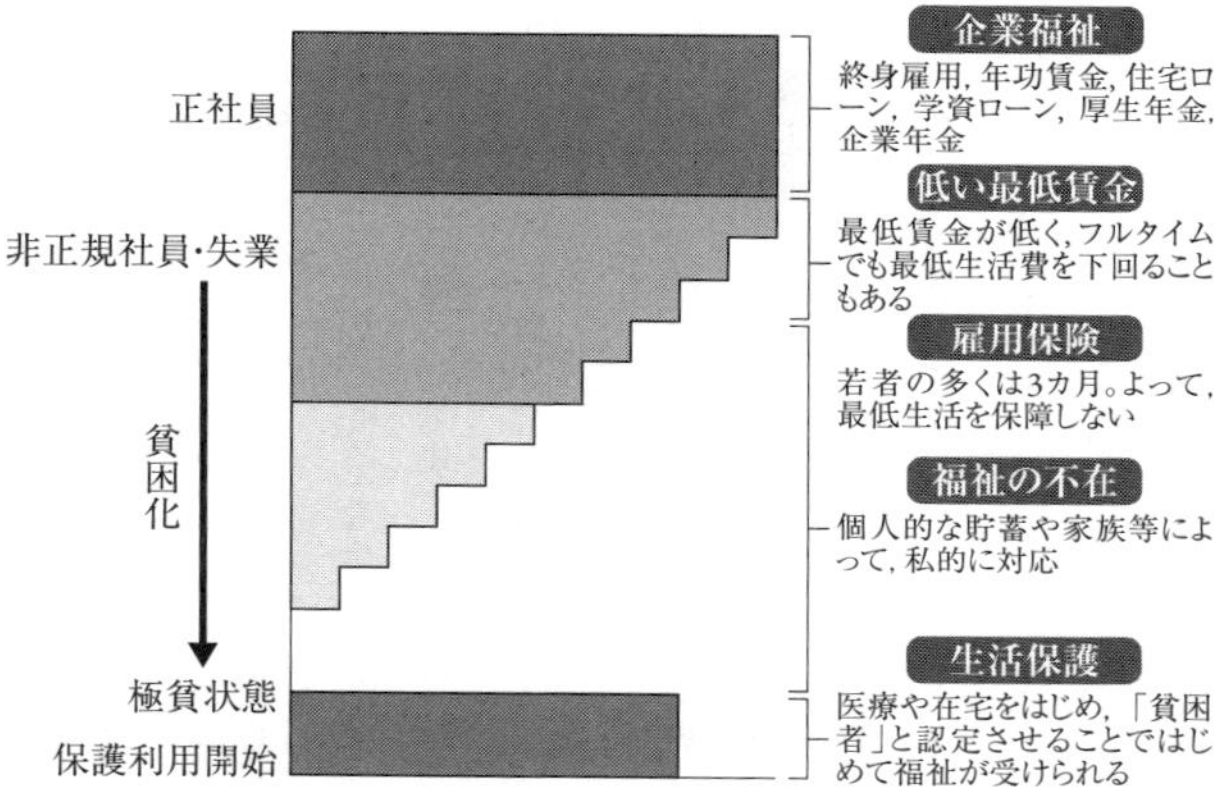

賃金で生活を成り立たせるべきだという勤労主義は、社会政策にも根本的なゆがみをもたらしたということを、最後に確認しておきたい。図3-3は、終身雇用・年功賃金の正社員から、徐々に「貧困化」していった場合の生活保障の度合いを示したものだ（エキタス、今野晴貴、雨宮処凛『エキタス』かもがわ出版）。

恵まれた企業福祉から排除され、非正規雇用やブラック企業の労働者に転落すると、すでに見たような厳しい状況に追いつめられる。そして、雇用保険を受給する段階になると、ますます厳しい状況となる。

問題は、この転落の過程において、福祉的な予防措置がほとんどとられていないことだ。

低賃金でも医療はただで受けられるとか、住居が保障されるとか、そうした支援をまったく得られないまま、どんどん貧困化が進む。そして、生きるか死ぬかの瀬戸際にきて、ようやく生活保護が全面的な生活保障をおこなう。

「真正な貧困者」になるまでは、国はほとんど助けてくれない。本当に転落したことを証明し得た者だけが、完全な生活保障を受けることができる。だから、統計上は生活保護受給の直前の階層（生保基準以下の所得で耐えている人びと）は、多くが歯の治療などを受けておらず、生活保護に転落したとたん、急に歯科治療の割合が増えることが知られている。

生保の直前、ぎりぎりの層（生保基準以下なので、本来「ぎりぎり」を超えている）こそが、もっとも困難な社会層であり、しかも、そこには多くのワーキングプアの労働者が含まれている。

図の階段状の部分に注目してほしい。このとき、多くの労働者は非正規雇用（アルバイトや派遣なども含む）でなんとか耐えしのいでいたり、ブラック企業でうつ病に耐えているかもしれない。この状態こそが、「保障の場」を攪乱する主因となっている。

極貧に陥って生活保護を受給する人びとと、アルバイトやブラック企業でぎりぎり保護を受給していないワーキングプア層が、相互に対立する構図が発生するからだ。「不真面目な」労働者であれば、我慢することを早々に放棄して、生活保護の申請に向かうということもあるかもしれない。だが、生活保護水準に達しているのに、生保を受給せずに耐えている人も非常に多い。生活保護基準所得の人のうち、実際に生活保護を受給している人は2割にも満たない。

極貧状態にある人だけではなく、失業者とワーキングプアの人びとは共通して福祉の助けを必要としている。もし、彼らが当たり前の福祉（例えば学校、医療、住居など）を受けることができるならば、これほど「生活保護」が突出した問題となることはなかったはずである。

「失業者・ワーキングプア∧生保」の構図こそが、日本で「福祉」が忌み嫌われる根本的な要因だと言える。低すぎる最低賃金、「0か1か」の保護制度、社会サービスの脆弱さ。これらすべてが、「貧困者」と「ワーキングプア」の対立を引き起こしている。日本の社会政策はこうした「ねじれ」を内包しているのだ。

だから、本来は福祉を切実に必要としているはずの非正規雇用・ワーキングプアの労働者たちが、「貧困バッシング」に加担してしまう。「おまえはまだ貧困ではない」「おれはもっと悲惨な状況に耐えて、しかも、働いている」と。

こうして、労働の現場でも、家族関係や生活の場でも、逃げ場のない分断と対立の構図が続いている。

第4章

身近な世界を政策につなぐために

「ベーシック・サービス」の提唱

……井手英策

「経済の時代」の終焉

これまでの三つの章で、日本社会がいかに引き裂かれた社会になってしまったかについて説明してきた。

藤田孝典は日本社会の生きづらさ、貧困が身近で遠い問題であることを克明に語った。今野晴貴は日本の雇用制度がどのように分断を生み、また運よく勤労できた人たちがいかに過酷な労働にもだえ苦しんでいるかを教えてくれた。

ここからの章では具体的な改革案について考えていく。まずは、僕たちの考える改革の大きな方向性、グランドデザインについて読者に説明しておきたい。

僕たちの生きている時代が終わる――そんなことをとつぜん言われても、にわかには信じられないかもしれない。

だが、市場経済の動きやそこでの経済的な関係が、人間の生き方、そして社会のさまざまな問題を決定づける、そんな「経済の時代」が終わるということは、けっして不思議なことではない。

中世という時代の区分をみなさんも聞いたことがあるだろう。中世とは、ふつう、4、

5世紀から15世紀くらいの時期をさしている。日本でいうならば、古墳時代から室町時代にいたる非常に長い時期にあてはまる。

歴史家J・ル＝ゴフによると、当時の人びとの考え方を支配していたのは、宗教と教会だった。独立した市場経済なんてものはそこにはなく、貨幣とは「愛徳（カリタス）」をあらわすためのものだったという。

神への愛、つまり「愛徳」に反することはもっとも重い罪とみなされた。そして、その愛を自ら示すために教会に積極的に分け与えるもの、それが貨幣だったとゴフは言う（ゴフ『中世と貨幣』）。

いまを生きる僕たちは、だれもが、貨幣をモノと交換するための道具、流通の手段だと考える。だが、その常識が当たり前のものとされるようになったのは、ようやく16世紀に入ってからのことだ。

16世紀は歴史の転換点だった。この頃、アメリカ大陸から大量の貴金属がヨーロッパに流れこんだ。統一的な市場や貨幣が生みだされるのはこれよりあとのことだ。僕たちが当たり前のように使う「経済」という概念が誕生するのは、さらに歴史をくだった17世紀に入ってからだといわれる。

もうお分かりだろう。僕たちがどっぷりとつかりこんでいる「経済の時代」は、何万年とつづいてきた人類の歴史のなかでは、「まばたき」のようなものでしかないのだ。

それがもし、あっけなく終わりを迎えたとしても、あたかも昭和が終わり、平成が始まったときと同じように、後世の人びとは、その事実を淡々と、当然のこととして受けいれ、日々を生きていくにちがいない。

そして、その「経済の時代」がまさにいま、大きくゆらぎはじめている。

人類史の新局面

21世紀は歴史的な人口停滞の時代といわれている。図4-1を見てみよう。国際連合は、中国やインドはもちろんのこと、アフリカの国ぐにもふくめて、今世紀のおわりには世界の人口成長率がほぼゼロになるという見通しを示している。

このことはもちろん僕たちの国にもあてはまる。

さまざまなシミュレーションのなかで人口推計ほど確度の高いものはない。国立社会保障・人口問題研究所の2017年推計によれば、15年の国勢調査で1億2709万人だった総人口が65年には8213万〜9490万人程度に減少するといわれている。

図 4-1

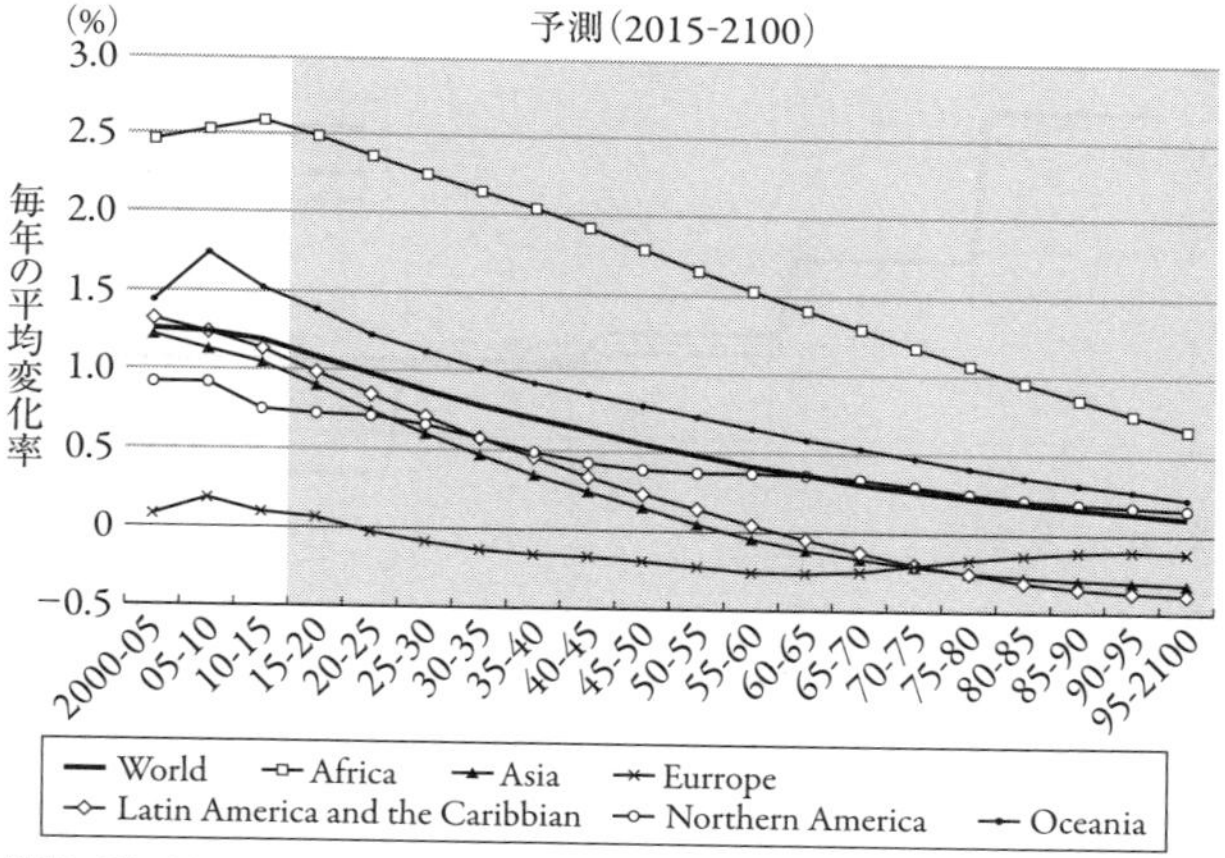

出所：World Population Prospects : The 2017 Revision より作成.

経済成長率を見てもそうだ。図4-2を見てみよう。1960年代から10年ごとに時代をくだっていくといい。世界経済の平均成長率は明らかに低下している。

第2章でもふれたが、オリンピックが終わったあとの経済成長率は0%台のなかば程度になるといわれているし、また、21世紀の後半50年には日本の1人あたりGDPはゼロ成長になるという指摘さえある。急激に人口が縮減していく時代にあって、20世紀のような経済成長を期待することは、けっしてやさしいことではない。

経済成長率だけではない。図4-3をもとに物価のうごきを見てみると、日本

図 4-2

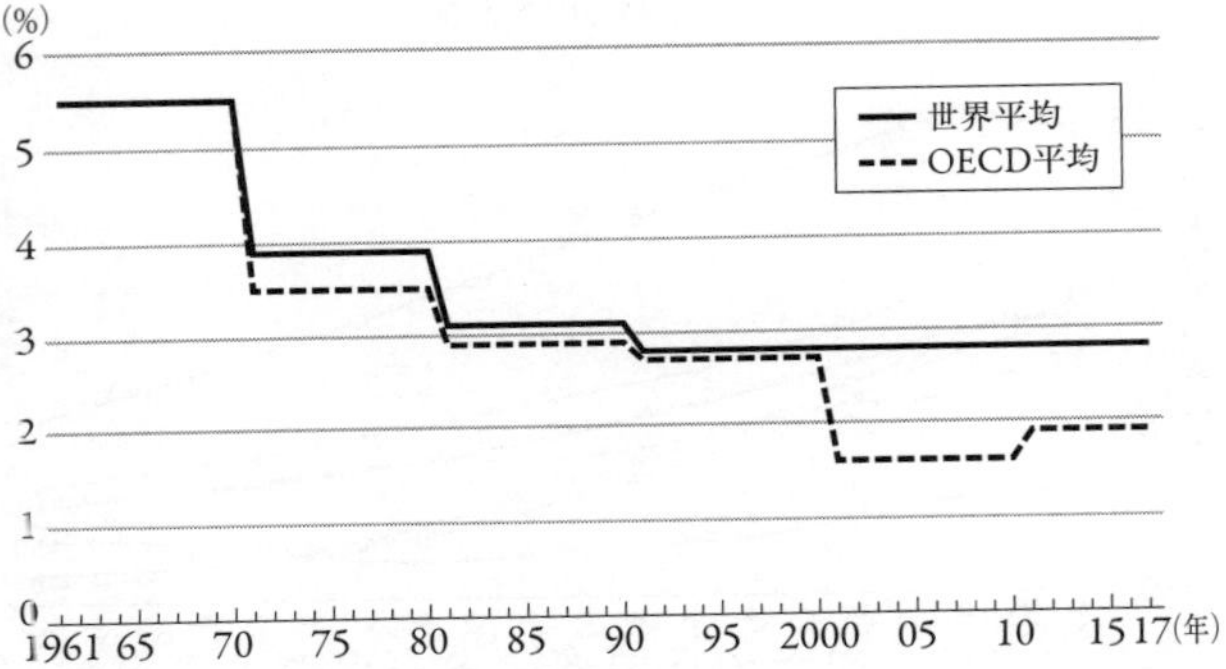

出所：World Bank national accounts data より作成.

は経済のデフレ化に苦しみ続けてきたが、日本だけでなく、インフレの終焉ともいうべき事態が先進国を襲っていることがわかる。とりわけ、リーマン・ショック後、中央銀行が大量に資金を供給し、マイナス金利に代表されるような歴史的な低金利の時代が訪れている。

さらに先進国と新興国、発展途上国の関係も変化しつつある。新興国の1人当たり所得は、2025年から30年頃には先進国に急速に接近する。

おどろくべきことに、中国は、アメリカを追いこして世界最大の経済大国となり、ブラジルやインドの経済規模は、イギリスやフランスを超えるといわれている。いわば、産業革命いらいの「先進国」と「まずしい国」という分類基

図 4-3

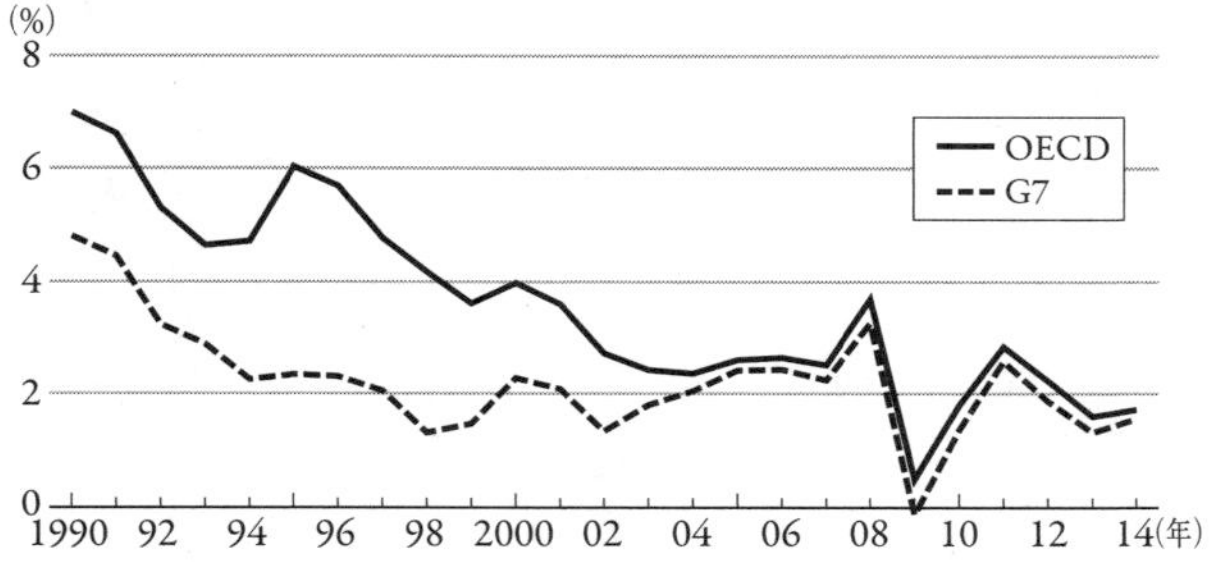

出所：OECD Data より作成.

準は終わりを告げようとしているわけである。

分配面でも異常事態が発生している。賃金の低下、やや難しくいえば労働分配率の低下が、北欧諸国もふくめた先進国でおきている。経済のグローバル化とともに、安価な商品が新興国から先進国に押しよせてきた。移民の流入もまた賃金の下落をよんだ。

こうして、生産性の向上にあわせた賃金の上昇が難しくなり、さらには、所得格差が拡大傾向へと反転した。ブレグジットやトランプ政権の誕生、そして極右政党の伸長にみられるように、社会の分断化はいよいよ深刻なものとなりつつある。

いままさに、人類史は新しい局面に突入しようとしているのだ。

「欲望充足」と「ニーズ充足」

経済のあり方が人間の生のあり方をも決めてしまう「経済の時代」は、人間の歴史の一局面にすぎない。だがそれとは反対に、僕たちの歴史をつらぬく一本の太くて長いはりがある。それは「必要」あるいは「ニーズ」をみたすための人間の「共同行為」である。

ドイツの経済学者W・ゾンバルトは、著書『近世資本主義』のなかで「需要充足」と「営利」とを区別した。前者は、伝統的に共同体内部で決められている水準の、生きていく、暮らしていくための需要を満たすことをさしていた。後者は市場経済における交換、利潤獲得、お金もうけをさすものと考えていい。

ようは、経済のあり方を決めるのが、人間的な需要の大きさによるのか、利潤の追求、獲得にあるのかを区別し、このちがいを時代の分水嶺とみなしたのである。

こうした見方は多くの思想家に共有されてきた。

例えば、ケインズは、ニーズを語るなかで、そのなかに「絶対的なニーズ」と「相対的なニーズ」とがあると論じ、純粋な必要と欲求に近い必要との線引きをおこなった。

前者は「周囲の人たちの状況がどうであれ、必要だと感じるもの」をさす。これに対して、後者は「他人よりも優位に立ちたいという欲求を満たすもの」「全体の水準が高くなるほど、さらに上を求めるようになる」ものを意味していた（ケインズ『説得論集』）。

社会学者D・ベルも『資本主義の文化的矛盾』のなかで同様の視点を示している。彼は、「ニード（need）」と「ウォント（want）」をはっきりと区別し、前者にもとづく社会を「共通の目的によって結ばれた人々の自然な連合」、後者にもとづく社会を「己の満足のみを追求する多くのばらばらな個人の集合」とあらわした。

ここでは、彼らの整理にならって、「欲望充足」と「ニーズ充足」を区別しておきたい。経済学では、「欲望充足」をつうじて個人が自己の効用、わかりやすくいえば、喜びを最大化するプロセスを取りあつかう。たしかに「欲望充足」は人間の歴史をつらぬく、ひとつの法則である。

だが、無視されがちだが、「ニーズ充足」もこれと同じく、人類の歴史を貫いている。この区別は「社会」を考えるうえで、きわめて重要な区別である。

確かに、人間は個人で行動し、個人の欲望を満たすことを目的とする場合がある。だが、共同で行動し、個人や集団のニーズを満たすことも同じくらいよく観察される。

ここで注目したいのは後者の共同行為についてである。

共同行為とニーズ充足

そもそも共同行為とはなんなのだろう。それは「わたしのための行為」ではなく、「わたしたちのための行為」を意味している。

よく「自立した個人」という言葉が使われる。しかし、なにも人間は孤立して生きているわけではない。人間と人間のあいだには、多かれ少なかれ、分かちあわれた価値があり、おたがいどうしが頼りあう、支えあう関係を作っている。

そして、人間が共同でなにかをおこなうときには、かならず意図や目的が共有される。僕たちは共同体を作る。なぜか。それは、メンバーが生きていく、暮らしていくための「共通のニーズ」をみたすという目的が共有される集団が必要だからだ。

これは、人間の「知」の積み重ねのなかで、繰りかえし指摘されてきたことだった。

古代ギリシャの哲学者アリストテレスは、国が生まれた理由について、「われわれが生存するための必要によるものであったが、いまやそれはわれわれの生活をよくすることにある」といった。ここでアリストテレスが「われわれの」といっている点、そして生存から始まり、生活へと「ニーズ充足」の原理が拡充されている点に注意してほしい。

あるいは、時代をくだって、ジャン＝ジャック・ルソーの言葉に耳を傾けてみれば、彼は、「さまざまの利害のなかにある共通なものこそ、社会のきずなを形づくる」と言い切っていたし、アメリカの哲学者T・ペインも、政府が生まれる理由の一つとして「社会の共通利益と人間の共通の権利」をかかげていた。

さらにつけ加えるならば、市場原理主義者の代表格として知られるM・フリードマンでさえ、「多くの人が重大な関心を抱き、しかも意見が一致しないような問題ともなれば、社会が分裂することも大いにあり得る」と述べている。

僕たちはなぜ社会を作るのか。それは「わたしのニーズ」ではなく、「わたしたちに共通のニーズ」をみたすという目的が共有されているからにほかならない。

以上の事実は、僕たちにある気づきを与えてくれる。

それは、僕たち人類は、正義や道徳を基準として助けあってきたのではないということだ。そうではなく、「わたしたちに共通のニーズ」をみたすという、いわば歴史を貫く普遍的な理由のために助けあってきた（＝共同に行為してきた）ということだ。

ただし、この「ニーズ充足」のための「共同行為」は、それぞれの歴史局面において、さまざまに姿を変えてきた。では、これまでの姿はどのようなものであり、その姿はこれからどのように変わっていくのだろうか。

分離した二つの「場」

この問題を人間が生きていく「場」に注目しながら考えてみよう。

もともと「くらしの場」と「しごとの場」とは、同じ場所をさしていた。たとえば江戸時代の日本を想像してほしい。人びとはコミュニティのなかに生まれ、育ち、作業をして自給自足をおこない、あらたな家族を作り、最後はその生まれた場所で死んでいった。

だが、市場経済が広がり、交換の道具となった貨幣が暮らしのなかに入りこんでくると、状況は一変する。人びとは、自給自足経済から飛び出し、労働者となって、貨幣を手にいれることを選択したからだ。農民は、工場のある町や都市へと移動し、労働者となった。人間が生産のための土地から切りはなされたのである。

労働者は、次第に、賃金をかせぎ、生存・生活のニーズを市場からの買い入れで、自分自身の手でみたすようになっていく。この「くらしの場」と「はたらく場」の分離こそが「経済の時代」のはじまりを告げる合図だったのである。

「経済の時代」は、それ以前とくらべ、不安定な時代だった。なぜなら、家族やコミュニティという「くらしの場」における関係がうすくなった結果、生きるため、暮らしていくためのさまざまなニーズを自分自身、あるいは家族の一部のメンバーでみたさなければならなくなったからだ。

それまで、「くらしの場」は、人びとが生存・生活のニーズをみたすための支え合いの場として機能していた。実際、治安の維持や消防、寺子屋のような初等教育、あるいは子育てや親の介護など、さまざまなサービスを家族やコミュニティのメンバーが汗をかき、おたがいに提供しあっていた。

しかし、「経済の時代」になると、「はたらく場」で手にした賃金が、生きるため、暮らすための手段となる。いわば自分の健康状態や運・不運が、生存・生活の危機と直結する時代がおとずれたのである。

この賃金は、一方では、衣食住の確保という生存のニーズ、子どもの教育や警察、消防、水や道路の管理、病気、老後へのそなえといった、本来であれば「くらしの場」でみたしあってきたような、だれもが必要とする共通の生活ニーズのために使われる。

つまり、「場」が二つに分離したことによって、「共通で社会的なニーズ」をあたかも「私的で個人的なニーズ」のように充足できるようになっていったのである。

さらに、ニーズをこえ、ソースティン・ヴェブレンのいう「顕示的消費」、つまり見せびらかしのための「欲望充足」のためにも賃金は使われた（ヴェブレン『有閑階級の理論』）。

この欲望の無限の連鎖のなかで、さらなる生産と消費が生み出され、空前の成長の時代がおとずれた。そして「欲望充足」と「必要充足」の双方を貨幣でみたす時代が生み出されたのである。これが「経済の時代」である。

つまり、「経済の時代」とは、「くらしの場」でみたしあってきた「ニーズ」を、「はたらく場」で手にした賃金によって、自助努力でみたすようになった時代だった。そして、「わたしたちに共通のニーズ」が個人化し、自助努力と自己責任によってそれらをみたす時代がおとずれたのである。

市場経済化と共同行為としての財政

ニーズが個人化され、それが賃金によってみたされる。これを「ニーズの市場経済化」とよんでおけば、この市場経済化は、当然だが、人間の共同行為を弱らせることとなる。なぜならば自己責任の領域があきらかに大きくなるからだ。

だが、もう一度確認しておこう。

共同行為の弱い自己責任の社会、それはきわめて不安定な社会だ。自分が病気になったりけがをしたりすれば、生存・生活の危機に直面することとなる。だからこそ、人間は、「くらしの場」と「はたらく場」をこえた新しい場、共同行為のための「保障の場」をつくりだした。財政の領域の誕生である。

物語は16世紀にさかのぼる。

16世紀の中頃から17世紀にかけてヨーロッパでは宗教戦争がおきた。16世紀には48回、17世紀には235回の大規模な戦争がおきたといわれる。

戦争の時代にいのちの危機にさらされた人びとは、お金で兵を雇う傭兵軍から常備軍へと軍隊を切りかえていった。常備軍を抱えこんだことによって、国家の軍事費は急増した。そして、その財源をまかなうための租税負担が急速に高まっていった。

財政の起源、それは、貨幣経済の浸透を土台としながら、「生きる」という「共通のニーズ」のために、人びとが税をつうじて痛みをわかちあったことが出発点だった。財政はそのはじまりからして、社会的ニーズをみんなでみたすという共同行為だったのである。

18世紀にはさらに戦争が頻発するようになった。財政は膨張の一途をたどることとなる。だがそれにくわえて、18世紀の終わりには産業革命がおき、市場経済での活動や貨幣をつうじた交換が「くらしの場」全体を巻きこんでいくようになった。

人びとは所得をかせがなければ暮らしを支えられなくなった。コミュニティの支え合いによって生存や生活を支え合った時代はおわり、仕事を失うことが生存・生活の危機に直接結びつく時代が訪れた。

すでに16世紀の時点で、イギリスの救貧法にみられるように、まずしい人が増え、治安が悪化するなかで、社会を安定させるための施策がととのえられていった。

だが、戦争が終息した19世紀になると、軍事費が抑えられ、財政規模全体は緊縮されながらも、生活ニーズの提供範囲は次第に広げられていった。

政府は、道路や住宅といった生活環境の改善にくわえ、伝染病をおさえるための上下水道、子どもへの義務教育など、生活するうえで社会に共通のニーズを少しずつ引き取るようになっていった。

日本の歴史もこれと同じあゆみをたどってきた。

先にも指摘したように、警察、消防、初等教育、子育て、介護、さまざまなニーズが「くらしの場」でみたされてきた。だが、日清、とりわけ日露戦争期にコミュニティの構成員が戦争に動員されると、「ニーズ充足」は維持できなくなった。

この時期に、税を財源としながら、これらのサービスをかわりにみたすようになったのが、地方自治体だった。実際、警察、消防、河川や道路の管理、子育て、介護、すべてこれらは地方自治体の仕事として現在も位置づけられている。

もちろん、以上のプロセスでは、人びとにとってなにが共通のニーズなのか、社会的ニーズというとき、何を「社会的」とみなし、だれから税を集めるのかを決め、実行する組織がもとめられる。こうして、財政のあゆみとあわせて、議会や官僚組織がととのえられていくようになった。

このように「ニーズの市場経済化」が共同行為を弱らせていった一方、僕たちは、財政や政府を柱とするあらたな「保障の場」を作りあげていった。

財政は「人間の生存や生活をまもるため」に生まれた「あたらしい共同行為」だった。「だれかの利益」ではなく、「みんなの利益」のためにつくられたもの、それが財政だったのである。この点はきわめて重要なので、ぜひ、覚えておいてほしい

「自己責任」と「共同行為」のアンバランス

「経済の時代」とは、「はたらく場」で賃金をえて、生きるため、暮らしていくためのニ

ーズを自力でみたしつつ、同時に、見せびらかしの消費を楽しみ、それが社会の地位を決める時代だった。経済成長が不可欠であり、所得の大小が生きやすさや社会の地位を決める。だからこそ、「経済の時代」と僕らも呼んでいるわけだ。

一方、「くらしの場」は家族のなかへと押しこめられ、家族は公《おおやけ》にされない、プライバシーの空間となった。とりわけ、戦後になると女性と男性の分業がすすみ、プライバシーの空間では、女性が育児や保育、養老介護もふくむ家事全般を受けもっていった。

また、自治会・町内会などの地域自治組織、生協や農協（現在のＪＡ）といった互助団体も、「くらしの場」での生活をサポートするようになっていった。

一方、「はたらく場」では、労働によって得られた賃金が暮らしの基盤となったことにくわえて、労働組合を中心とするさまざまな互助組織も生みだされた。成長の果実をどのように分配するか、その決定過程で大きな影響力を彼らはもつようになっていった。

さらに、「保障の場」では、財政というあたらしい共同行為がうみだされ、人びとの生存・生活ニーズを税金でみたしあっていき、以前にくらべればはるかに安定し、安心して生きていける社会が作りだされた。

だが問題はこれらのバランスがどうなっているか、だ。

第2章、第3章でも述べてきたように、日本では「勤労」と「倹約」という考えかたが大切にされてきた。そして日本では、この勤労、そして自己責任という理念がいまだに福祉国家の中核にどっかりと居すわっている。

もちろん、勤労や倹約といった考えかたじたいは、どの国にも存在している。プロテスタントの思想が広がると、「神はみずから助けるものを助ける」という教義が広がり、まずしさはむしろ怠けたことの結果だとさえ考えられるようになった。

だが、勤労が権利であるだけではなく、義務とまで憲法に書きこまれている国は、欧米には存在しない。そして、勤労と倹約が前提とされてつくりだされた日本の財政では、はたらく世代にたいしてきわめて貧弱なサービスしか提供していない。

ようするに、日本とは、財政という共同行為の領域、「保障の場」がとても小さく、「はたらく場」が社会の中心をしめ、かつ「くらしの場」でも女性に多くの負荷をかける社会、ようは自己責任の領域がとてもおおきい社会だということだ。

もう少し日本の財政を掘りさげて考えてみよう。

高度経済成長期以降、政策の柱にすえられてきたのが、勤労した人に税をかえす勤労所得減税、まずしい人たちに勤労の機会をあたえ、所得を自分でかせぐようにうながす公共事業、この二つだった。

1990年代までの戦後日本の財政の歴史を見てみるとよい。まさに所得減税と公共事業で歴史が彩られている。

反対に、住宅、教育、医療、老後の生活といった生活のニーズは、お金をかせぎ、倹約して、それをたくわえることで、自分自身の力で何とかしなければならなかった。

読者のみなさんもそうではないだろうか。子どもを塾にいかせる、学校にいかせる、病気になったときや老後のそなえ、家を買う、どれもこれも貯金でまかなっているはずだ。

社会保障は、勤労の義務をまっとうした高齢者への「ごほうび」と、勤労できない人にたいする「ほどこし」にかぎられた。教育サービスも社会の共同責任ではなく、親の責任だと考えられ、私学や塾のように、自分自身で市場からサービスを買いもとめることが当然だと考えられた。

経済成長とともに所得が増えていけば、もちろん税収も増大し、財政も大きくなる。だが、日本ではそのゆたかな税収を国民にかえし、貯金のたしにしてきた。増えていく所得と貯金とで自分たちの生存と生活を維持する自己責任社会——まるで「勤労国家」ともいうべき状況が生み出されたのだ。

逆にいえば、僕たちは、だれもが必要とする生存・生活のニーズを増税でまかなうという経験をしてこなかったということだ。高い経済成長率によってもたらされた豊富な税収が人びとの暮らしの保障のために用いられたヨーロッパとは正反対の歴史だ。「市場経済のもとでの自己責任」と「共同行為としての財政」は「経済の時代」を支えた車の両輪だが、極端に前者にかたよった社会を僕たちはつくってきた。

そして、これまでの章でも述べてきたように、所得の低下、貯蓄の困難化がすすみ、自己責任で自分たちの生活を成り立たせることのできない人たちが大勢あらわれつつある。求められているのは、些末な制度改正、微修正の積み重ねではない。財政、そして、この社会、この国のあり方、制度そのものを大胆に組みかえていくことなのである。

シェアリング・エコノミーを透視する

この閉塞状況を突破する方法はいったいどこにあるのだろう。

未来はいまの延長線上にあり、いまは過去の延長線上にある。そうだとするならば、歴史的につくられてきた「くらしの場」「はたらく場」、そして財政が支える「保障の場」をどのように鋳直していくのかが問い返されなければならないだろう。

「経済の時代」が終わりにむかってあゆみをすすめるとき、僕たちが人間らしく生きていくために優先されていくのは、いったい何だろうか。

それは、「顕示的消費」からなる「欲望充足」ではなく、「ニーズ充足」、つまり「個人的ニーズ」、さらには、だれもが共通して必要だと社会が判断する「社会的ニーズ」をみたすことである。なぜならニーズは個々人の生存・生活と直結しているからであり、同時に、これが放置されれば、社会はまちがいなく不安定化するからである。

経済のめざましい成長が前提にできない時代には、生存や生活が問題の中心となり、僕たちの個人的ニーズや見せびらかしの消費は周辺へと追いやられる。

例えば、ユニクロやH&Mのように安価な衣料品が広がったことによって、顕示的な見せびらかしの消費は明らかに抑えられている。だが、そのことによって、僕たちの生活水準が大きく落ちたかといわれれば、ほとんど影響はないというのが実態だ。

以上を別言すれば、衣服という「個人的ニーズ」を充足することを優先し、「顕示的消費」を抑えても、見栄えは悪くなるが、生活の水準は変化しないということだ。

このように、経済のグローバル化とともに、生活の品々の価格が下がり、安い値段で個人的ニーズを満たす環境が整いつつある。そして、このながれを強めるように、シェアリング・エコノミーが広がりを見せている。

シェアリング・エコノミーとは、デジタル・コミュニティを利用しながら、モノ・サービス・場所などを多数者が交換・共有するしくみのことだ。

例えば、どこかに移動したいとき、身近にいる人が送迎を引き受けてくれたとしたらどうだろう。あるいは、モノが足りないとき、それを必要としないだれかから貸してもらう時代がやってきたとしたらどうか。

現実には、コミュニティは縮小し、知人や親戚に泊めてもらう、足りないものを借りる・もらう、ついでに車に乗せてもらう、こうした相互扶助的・互酬的な関係が個人的ニーズをみたす力は弱まりつつある。

だが、デジタル・コミュニティが生まれ、それが市場と結びつくことによって、これらのニーズが別のかたちでみたされつつある。しかも、市場価格よりも安い値段で、だ。

これらのことは現実に起きていることだ。

アメリカ発のUBERという配車サービスがある。一般人のドライバーがネットをつうじて顧客を安い値段で送迎する。ある場所にバスで行くのか、タクシーで行くのか、それは個人的なニーズだ。だが、このニーズが支え合いの領域にカバーされながら、以前よりも安い値段で提供され、かつ独自の経済領域を切り拓いている。

オランダ発のPeerbyもまたネットを使った日用品の貸し借りサービスだ。これらによってタクシー業界や製造業、サービス業は大きな打撃をうけるだろう。だが、僕たちの暮らしの質はたもたれたままである。ここでもまた、支え合いの領域が経済の領域を作り変えようとしているさまを見て取ることができる。

経済の時代が大きく揺らぐいま、僕たちは、見せびらかしの消費をおさえながら、共有型の支え合いの経済で個人的なニーズを補っていこうとしている。たしかにGDPの減少は避けられない。しかし、僕たちの暮らしはここでもほとんど変わらないだろう。このような、成長をかならずしも前提としない社会の姿は、どんどん進化し続けていくにちがいない。

そしてそれは、人びとの暮らしを安定したものにも、不安定なものにも変える可能性が秘められている。この点については、今野晴貴が第6章で議論することとなる。

「くらしの場」「はたらく場」そして「保障の場」を作りなおす

では、もうひとつのニーズ、人びとに共通して必要だと判断され、税が投入される社会的ニーズは、どのようにして満たして行くべきだろうか。これから残された章のなかで僕たちが考えていくのはこれらの問題である。

いまの日本を見てみよう。「くらしの場」では、家族やコミュニティがこれまでとは大きく姿を変えつつある。女性の就労がすすみ、専業主婦が家庭のなかで提供してきたサービスがことごとく維持できなくなりつつある。また、未婚率が上昇し、シングルマザーの数が増えていくなか、少子化ものすごい速さで進行している。

それだけではない。自治体の消滅がうたわれ、過疎地域の高齢化がすすむなか、「くらしの場」での生存・生活保障は深刻な問題となりつつある。高齢化率が軒なみ5割を超えるような地域社会にあって、「くらしの場」の再建は急を要する課題である。

過疎地域だけではない。都市部だって事態は深刻だ。

都市部では、老々介護や独居老人、待機児童などの問題が世間をさわがせている。「くらしの場」で発生するニーズをみたすしくみ作りは待ったなしの状態だ。この「生活の再建」については藤田孝典が第5章でくわしく論じることとなる。

「はたらく場」では、グローバル化、サービス産業化、そしてIT化・AI化がすすみ、所得格差、労働生産性や非熟練労働の賃金の低下が問題となっている。また、少子化が労働力不足をもたらす一方、AI化やロボット化が雇用の機会を減らすという指摘もあり、多くの人たちが将来不安におびえている。

さらに、正規と非正規間、性別間の利害関係も多様化している。とりわけ、女性の就労のかなりの割合が非正規雇用であること、働いても豊かになれない母子世帯の貧困の問題、あるいはしごとに追い立てられる人たちの子どもへの暴力など、課題は山積している。

これらをどう再編し、はたらく人たち／はたらきたい人たちのニーズをみたしていくべきだろうか。この問題は「職業の再建」として今野晴貴が第6章で論じてくれる。

もちろん、人類の知恵に学ぶのであれば、社会の底割れを防ぐために、「保障の場」をどう作り変えていくのかも重要な課題である。これは2人の議論を引き取りながら、最後の章で僕が論じることとしよう。

僕たち3人の議論のなかで問いたいのは、先進国のなかでも低い税負担、不十分なサービス給付である「保障の場」をどう拡充し、「くらしの場」や「はたらく場」を下支えしていくのか、「保障の場」や「くらしの場」、「はたらく場」の変革が、相互にどう影響しあい、僕たちの「よりよい生」を確かなものとしてくれるのか、ということだ。

僕たちは、「生活の再建」「職業の再建」「保障の再建」をてことして、「未来の再建」をなしとげなければいけないと思っている。だが、それは「経済成長」「格差是正」「財政健全化」といった、これまでの前提、目標を乗りこえるかたちでの再構築、あえていえば「ソーシャル・イノベーション」でなければならない。

ベーシック・サービスの提唱

これらの議論をすすめるうえで、本書の共通の土台として提案したいのが、「ベーシック・サービス」という考えかただ（井手英策『幸福の増税論』）。

人間は生まれればだれもが家族や大人からのケアを必要とする。病気にならない人間はいないし、教育をまったく必要としない人間もいない。あるいは歳をとって介護が必要にならないと断言できる人、一生、障がいとは無縁だと断言できる人もいないだろう。

僕たちは、人間が人間らしく生きていくために必要となるこれらの基礎的なサービスをベーシック・サービスと呼ぶこととする。

たしかに衣類や食料といった、人間が生きていくための基礎的なニーズは存在する。しかし、これらは実際のモノであり、市場経済での取引によって獲得されるべきものである。その意味で、本書では、これらを個人的ニーズとして位置づけている。

ベーシック・サービスは、あくまでも「サービス」である。そして、人間が生きていくうえでだれもが必要とすると社会が判断したサービスである。

政府のおこなうべき給付のうち、働けない人たちのための現金給付にくわえて、あらゆるベーシック・サービスをすべての人たちに、所得の大小、年齢、性別にかかわりなく、普遍的に保障することをめざす。

この「保障の場」の改革が、「くらしの場」や「はたらく場」にどのような変革をうながし、それが僕たちの「よりよい生」をどのように可能にするのかを以下では考えていく。

人口が減少し、これまでのような経済成長が期待できない21世紀を見すえたとき、それぞれの場でいかなる改革がもとめられているのだろうか。そしてそれらの課題を克服するためには、いかなる社会のイノベーションがもとめられるのだろうか。

「くらしの場」「はたらく場」という身近な世界の問題を解き明かす。それを個別の問題にとどめることなく、それぞれの共通点をみつける。そして、それらをより普遍的な、具体的な政策、つまり「保障の場」の再構築にむすびつけ、来るべき時代への道筋をしめす。

これが僕たちのここからの課題であり、挑戦したいことである。

第5章

限定的で狭小な社会福祉からの脱却

……藤田孝典

皆さんは社会福祉と聞いて何をイメージするだろうか。僕たちが社会福祉を受ける対象者でもあることを実感したことはあるだろうか。

これほど、すさみ切った「くらしの場」を再建するには、社会福祉を捉え直した上で、実践へと踏み出すこと、がきわめて重要となる。僕たちは社会福祉や社会活動を通じて、「くらしの場」を作り直さなければならない。

これほど犠牲者を生みだし続け、いまなお多くの人が生活に苦しみ、打ちひしがれている状況にあっては、もはや一刻の猶予もないだろう。

子どもへの虐待、少子高齢化、貧困と格差、不平等や富の偏在、長時間労働に過労死、自殺者数の高止まり、環境破壊など、多くの人びとが痛み苦しんでいる。不安もなく豊かで幸せに暮らしている人など、どこにいるのだろうか、と思わされる光景が広がっている。

お金やサービスを供給してもらえれば生活も楽になるし、助かる。そう思う人も大勢いるのではないか。今、あなたは真に自由に生きているだろうか。

端的にいえば、社会福祉、ベーシック・サービスの拡充によって、あなたに必要なものを満たしていくことは可能である。問題は、それを望んで行動するか、否かだ。

社会福祉が縁遠い日本社会

僕はいま36歳になるが、正直に言うと、社会福祉制度によって助けられた、という実感があまりない。小・中学校で義務教育を受けていても、ランドセルや学用品、給食費や制服代は親の負担だった。

習い事や塾代も両親に負担してもらったし、大学の学費や通学費など生活費全般を出してもらっていた。それらを合算すると数千万円のお金を両親から出してもらったことになる。

もちろん、児童手当など社会保障による給付は受けてきたが、その金額は僕を育てるための費用全体から見れば、きわめて小額であった。

家事も育児も、ほぼ両親や祖母がしてくれた。近所の住民に助けられたことは少なかったと思う。「社会的に子どもを育てる」とは名ばかりで、その実感はない。

教育に対する公的な支出は図5-1を見ればわかるように、他の国と比べて日本の場合、かなり低い。しかも、私費負担、家庭負担が多い。政府に生活を支えてもらっていると実感できない理由の一端は、こうした点にもあるのではないだろうか。

図 5-1

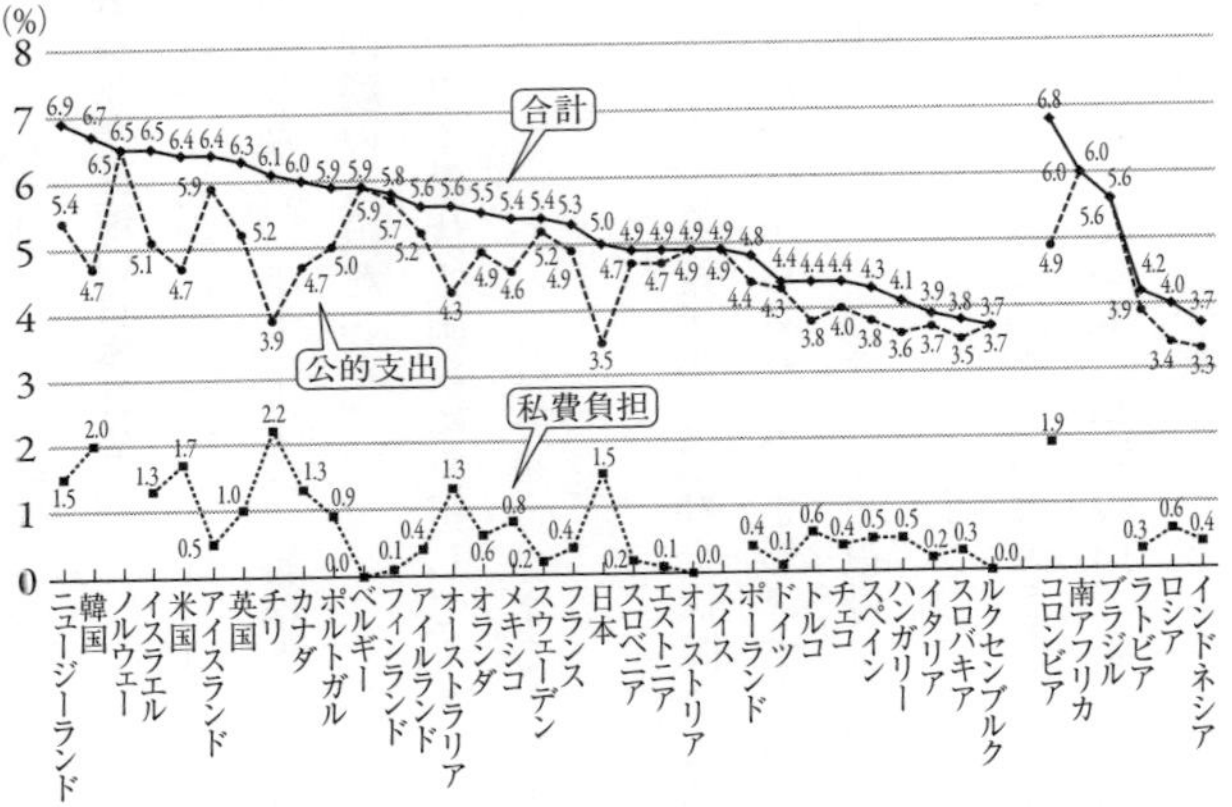

注：初等教育から高等教育までの教育機関（幼児教育を除く）の教育費が対象。ノルウェー、スイス、南アフリカ、ブラジルは公的支出のみ（スイスは高等教育について、ノルウェーは高等教育以外について）.
出所：OECD, Education at a Glance 2015（Chart B2.1）.

井手英策が指摘するように、社会福祉とは教育分野に限らず、人びとが生きる上で必要な基礎的なサービス、すなわちベーシック・サービスを提供するものである。

家族を取り戻すためのベーシック・サービス

日本では給食費から部活動の用具代、習い事、塾、家庭教師、大学など教育にかかる費用まで、その多くが家族負担、私費負担となっている。

では介護についてはどうか。介護福祉も用意されているが、当然、自己負担はある。特別養護老人ホームの場合、要介護3以上と認定された人しか原則として利用ができなくなった。「介護離職」が話題になるように、家族のだれかが要介護状態になった場合、仕事を辞めたりして収入減に見舞われながら、ケアをせざるを得ないケースが多い。

住居費もばかにならない。都市部を中心にして、家賃、光熱費などの負担は重い。収入の少ない若年層などは、実家暮らしを強いられている。子どもが成長するにつれて家に引きこもるようになり、ニートと呼ばれる状態になることもあるだろう。

こうしたなかで、日本の社会福祉は、家族によるサービスやケアの提供を中心に組み立てられている。だから、家族への負担が大きいのだ。こうした状況は一刻も早く解消しなくてはならない。それには社会保障におけるベーシック・サービスの範囲を拡大することが欠かせないだろう。

家族が何もかも支えるような体制ではなく、ベーシック・サービスの供給によって家族を、自己犠牲や自己負担のくびきから解放していく。そのあり方はヨーロッパを中心に共有されているが、日本では想像することすら難しい状況にある。

保育や医療のベーシック・サービス

僕の場合、支払った税や社会保険料が還元されていると初めて実感できたのは、自分の子どもが近所の保育園に通園するようになり、その負担額が低く抑えられているのを知った時だった。

核家族の世帯員である僕や妻が仕事を持ちながら、子育てができているのは、まさに保育園のおかげである。保育士の先生方の尽力はもとより、保育所という制度、税や保険料の再分配など、さまざまな形で社会からサポートを得ている。

僕が住んでいる埼玉県越谷市では、所得に関係なく、乳幼児から中学生までの子どもについては、医療費の窓口負担は完全無償である。そして、埼玉県滑川町のように、18歳まで完全無償という自治体も増えている。

子どもが熱を出したり、原因がわからずに苦しんでいる場合には、低所得の世帯であっても、迷わずに医療機関を受診できるようになる。

父母仲間に聞いても、一切の窓口負担を求めない仕組みは高評価で、「ありがたい」という声が多数にのぼった。この仕組みを支える財源は、みんなで負担した税や保険料である。

現在、各自治体では子どもへの医療費無償化が進んでいるが、突然でき上がった政策ではない。先進的な自治体が努力を重ねて勝ち取ってきた歴史的産物である。乳児死亡率の高さに苦しむ岩手県旧沢内村は、国の反対にあっても1961年に1歳未満・60歳以上の医療費無償化を独自に実施し、翌62年には全国初の乳児死亡率ゼロを達成している。

この成果は瞬く間に各地の自治体に知れ渡り、次々とこの制度は導入されていった。さらに岩手県旧沢内村では1962年に「いつでも・どこでも・だれでも、健やかに生まれ・健やかに育ち・健やかに老いる」という地域包括医療実施計画を策定している。

こうした努力の積み重ねによって、子どもの医療費無償化、老人医療の無償化が進んできた。かつては、すべての人に医療を提供すべきだとする機運が高まった時代もあった。老人医療の無償化は高齢社会を迎えるなかで挫折しているが、僕らが何を望んで行動するかで、政策のあり方も変わっていくことは歴史が証明している。

このような仕組みを作ってくれた先人たちに感謝したいし、現に僕は子どもを通じて、必要なサービスを供給してもらっている。こうした再分配によって、初めて僕らは社会福祉や社会保障の必要性、そして意義を実感できるのではないだろうか。

矮小化される社会福祉

ただ、残念ながら、社会福祉の門戸はきわめて狭い。子育てをしていない世帯や保育園を利用していない世帯などでは、この仕組みの意義を実感できる機会は少ない。しかも現在では単身世帯や2人世帯が増えている。仕事を持っていて、子どもがいない世帯であれば、税や保険料の再分配を実感することはそう多くないはずだ。

だからこそ、社会福祉や社会保障を狭く捉えて、自分たちの制度だとは思えない風潮が蔓延するのだろう。自分たちがサービスを供給されるわけでもない社会保障のために高い税負担を強いられているという見方には根深いものがある。こうした偏った見方は、たとえば次のような言葉となって現れる。

社会福祉は高齢者で要介護状態の人が受けるものではないか。あるいは退職した後の収入を補う年金制度を指すのではないか。

社会福祉の対象となるのは、障害者で介助が必要か、家族が支援しきれない人なのではないか。

生まれてきた子どもの保育ができない場合に保育園などを利用するのが社会福祉というものではないか。

社会福祉とは、失業した際に、生活費に困らないようにお金を給付してもらうものではないか。

社会福祉とは、生活に困窮して働けないかわいそうな人びとが受けるものではないか。

どの社会福祉イメージも一面的なもので、偏りがあることがわかるだろう。共通しているのは、社会福祉の対象となり得るのは、子どもがいるとか、要介護状態の高齢者がいるとかいった、何らかの条件を満たした場合に限ると考えていることだ。

日本ではこうした意識が根強くあり、それが制度や政策にも色濃く反映している。そこでは、何かあった時しか社会福祉は利用できないし、何かあった時でさえ、その必要性を証明できなければ救済も支援もしてもらえないと信じられているのである。

選別主義に基づく社会福祉制度

近年では社会保障費の削減傾向が続くなか、優先順位が低いと行政に見なされた場合、実際には財やサービスが必要であっても、それが支給されないということが起きている。

例えば、保育園に入園する際も、その審査は点数方式だと知る人は多いだろう。世帯規模も、収入も、健康状態も、各世帯で違っているのに、評価指数によって一律に比べられ、利用の可否が決められてしまう。

したがって、希望したからといって必ず入園できるわけではなく、その家庭の必要に応じて決まるわけでもない。人口が集中する都市部などでは、保育園の数が絶対的に不足しているにもかかわらず、予算の制約などから、保育サービスを利用できない世帯が相当数に上っている。

公営住宅でも事情は同じである。応募してきた世帯のなかで、入居基準を満たしていても、より優先度の高い世帯から先に入居が認められる。もっともらしい理由でその可否が決められるのだ。地域によっては公営住宅の数が全く足りていないので、いつまでたっても住宅サービスを利用することができない。そのため、住居費が重くのしかかっている世帯が続出している。家賃滞納や住宅喪失に怯える世帯がいかに多いことか。

介護保険にしてもそれと似た状況だ。要介護認定によって、介護度の重さ、必要な介護サービスの量が一方的に決められてしまう。いろいろと聞き取りはおこなうが、決定は一方的であるという点が特徴だ。その決定に応じたサービスが供給されるが、それによって当人および家族の必要が満たされるとは限らない。

このように、現在の社会福祉制度は選別主義を全面的に採用しており、ある条件を前提とするニーズや必要を満たすものとして、社会福祉を狭く捉えることが一般化している。

僕らの意識と行動を問いなおす

これが日本の社会福祉をめぐる支配的な規範意識であり、一般的な見方なのだ。このようにして社会福祉の範囲を狭めてしまい、十分に機能させてこなかったのは、私たちの側にも大きな問題があると言わざるを得ない。

言うまでもなく社会福祉は、介護を必要とする人を支援したり、障がいのある人をサポートしたりすることに限られない。僕たちがそのサービスを利用しても、何の問題もない。むしろ、そうしたサービスが供給されなければ、自分たちの生活を維持するのが困難な時代になってきた。

第6章では今野晴貴が、一般労働者の多数においても社会保障給付が必要な状況を詳しく論じている。

要するに、社会福祉の主役はあなたなのであり、僕たちが生きていく上で必要なものがきちんと供給されるよう、制度を整備する必要がある。だれかのものではなく、自分のものとして要求しなければならないのが、社会福祉というものだ。

だが、今のところ、多くの人は自らを主役とは捉えていないようだ。それどころか、社会福祉の対象から外されてしまっているのではないか。社会福祉の予算が削減され、その規模も縮小させられているのだから、このまま何もしなければ、範囲を拡大しようにも、どうにもならないだろう。

僕たちが不安を払拭できないのは、一度、生計を維持する力を失ったり、労働生産性を発揮できなくなったりすると、生活する場所すら奪われかねないからだ。

井手、今野の二人が指摘するように、経済状況にしても労働市場にしても、将来不安や生活不安を抱えざるを得ないような事態となっている。

こうしたなかで、日本の社会福祉は、人びとの不安や生活課題に対処できているのだろうか。言うまでもなく答えはNOだろう。

何度も言うようだが、社会福祉の対象がきわめて限定的で、給付も著しく抑制されているのが現状だ。このため多くの家族が、社会福祉の肩代わりをさせられており、いまだに前近代型の家族システムに依存しているのが、現代日本の社会福祉だといっても過言ではない。

だからこそ、人びとの生活はますます厳しいものとなり、他者への攻撃が激しくなっていく。

こうしたなかで、僕たちは社会福祉をどのように変革し、その実現のためにどのような行動を起こせばいいのだろうか。

足を引っ張りあう時代

あるべき社会福祉の実現を目指す際に注意しておきたいことがある。まず最も重要なのは、他者の足を引っ張らないことだ。

生活困窮者の支援や、社会福祉の現場に関わっていて僕が感じるのは、往々にしてお互い不幸自慢を始めてしまい、どちらがより不幸かを決めるための対立が生じてしまう、ということだ。

例えば、生活保護受給者の保護基準では苦しいので、その水準をもう少し上げてほしい、あるいはこれ以上は引き下げないでほしいと声を上げる。その際、反対する人びとから必ず上がるのは、「最低賃金で一生懸命働いている労働者こそが大変だ。生活保護基準は引き下げてもかまわない」という声だ。

欧米と比較しても日本の最低賃金の低さは問題だと指摘されて久しい。その基準が今のままでいいとは思っていないし、労働者に十分な賃金が支払われていないことも承知している。

しかし、生活保護基準の問題とは切り離して議論したいし、生活保護受給者を批判したからといって、自身の労働条件が改善するわけでもない。むしろ、こうした対立は、僕たちの分断をますます加速してしまう。

連帯できずに分断させられる人びと

一般労働者も、生活保護受給者も、制度や仕組みを変えていかなくてならない点では同じだし、連帯できればいいのだが、そのためにはまず、乗り越えなくてはならないハードルがある。

生活保護受給者に対しては、国民年金受給者や低年金受給者からも生活保護基準は高すぎるのではないか、と異議申し立てが寄せられる。

年金制度は、貯蓄や資産、家族からの支援などがあるという前提で、支給金額が決められてきた。生活のすべてを生活保護費によって賄う生活保護制度と年金制度は、歴史的にも機能的にもまったく異質なものだ。

だから、この二つの制度を単純に比較すること自体がナンセンスであるが、にもかかわらず、受給者同士で対立させられてしまう。供給される財の水準はどちらも低く、お互い生活が困難なのだから、どうすればいいのか、手を取り合って考えたり行動したりしよう、とはならないのだ。

「子どもvs.高齢者」という構図も同様だ。日本では、子育て世帯に対する給付がきわめて弱い。その予算を拡充しようとして言われるのが、「高齢者の社会保障費を削減して、子どもに回すべきだ」という理屈だ。乱暴な議論だが、一定の説得力をもって受け入れられてしまう。

高齢化率27・3%という現代日本において、高齢者への社会保障給付が増え続けていても十分とは言えない。にもかかわらず、「もっと削減してしまえ」というのは理解しがたいのである。

井手英策が指摘するように、いたるところに分断線が引かれ、人びとが連帯して支えあい、必要を満たすための要求を出そうにも、お互い足を引っ張りあっていて、身動きがとれなくなっている。こうして僕たちは、生きていく上で必要な要求をしようにも、それを表明し、行動する力を奪われているのだ。

子ども食堂と無料学習支援

そうしたなかで、子どもの貧困が話題だ。日本では子どものいる世帯の相対的貧困率は13・7%と、先進諸国のなかでも高いほうだ。ひとり親世帯の貧困率は50%を超えており、特に母子家庭の生活課題は深刻だと言われて久しい。

こうした状況を受けて市民も救済や支援に立ち上がっている。例えば、子ども食堂の設立が全国各地で相次いでいて、地域の子どもたちへ定期的に温かい食事を提供する事業も増えている。僕が活動する埼玉県内でも子ども食堂のネットワークが創設され、地域全体で子どもと親を支えていく機運が高まっている。

子どもに勉強を教える無料の学習支援教室も全国で開設されてきた。塾や家庭教師に勉強を見てもらうには、経済的な余裕がなければ難しい。経済的なゆとりのない下層労働市場が分厚く形成されたなか、子どもの教育が市場に委ねられたために、その負担ができない世帯が増えてきている。

子ども食堂が広がった背景には、栄養価の高い食事を提供するのが困難な家庭の増加、「孤食」を含めた社会的孤立の拡大、親世代の長時間労働や実質賃金の低下があるだろう。経済的にゆとりがなかったり、長時間労働などで、子どもと食事を共にするのが困難な家庭が増えている。端的にいえば、それは子どもと向き合える環境が整備されていないことを意味している。

子どもが食事にも事欠くケースが増加しているのであれば、そうした世帯の所得保障をしていかなければならないし、生活保護制度を使いやすくして、必要な財やサービスを提供していかなければならない。

子どもが「孤食」をしなくて済むように、家事や育児と労働を両立させられるように、長時間労働の是正やディーセントワークを実現しなければならないはずだ。

無料の学習支援も重要な試みだが、その背景には公教育への予算配分が不充分で、子どもたちの教育が市場に委ねられている状況がある。家庭の経済状況が学力とストレートに結びついてしまい、経済力がある世帯では充実した教育を子どもに受けさせることができる。

どの世帯に生まれても質の高い教育が受けられるように公教育を拡充させること、そのための予算を確保することは今後も課題となるはずだ。地域の公立高校に進学した後、スキルや技術を身につけられる大学や専門学校に進学できる選択肢を充実させ、職業訓練も受けられる体制整備が必要だろう。

公助の弥縫策としての社会的起業・NPO

近年、社会起業家なる人びとが子ども支援に参入し始めている。塾を利用しやすいように低所得世帯にクーポンを配るといった新しい政策を自治体に提案するなどの活動をおこなっている。塾に通えるようになるなら、低所得世帯にも需要はあるだろうし、希望する世帯も少なくないだろう。実際、それによって助かる世帯もあるかもしれない。

ここで確認をしておきたいのは、子どもたちが塾などを利用できるようにすれば、万事解決というわけではないことだ。塾や家庭教師を利用しなければ十分な学習ができないのはなぜか。本来なら公教育を拡充させて、教師の適正な人員配置を実現させるべきではないだろうか。少人数学級を実現させる必要があるのではないだろうか。子育て世帯の所得が低いなら、必要な所得保障をし、サービス給付をしなければならないのではないか。

こうした根本的な問題に手を付けなければ、いくら全国で子ども食堂や無料の学習支援、塾クーポン政策が生まれようと、問題は限定的にしか解決しない。

このようにして公共性を取り戻していくには財源が必要であり、財源論なくして、子どもの貧困や子育て世帯の生活課題が改善に向かうことはない。

給食・教材費等の無償化を!

子どもの貧困という問題に対して、市民は子ども食堂や無料学習支援、塾クーポン制度の創設といった取り組みをすることができる。できるところから始めようという動きが広がっていることには大きな希望を感じている。

だからこそ、社会全体で公的に必要を満たしていくことも可能なはずだ。公的なものに頼るべきではないという意識が僕たちに染みついてしまっているだけだからだ。

まずは身近なところから、受益感を取り戻す作業を始めたい。税や保険料を支払ったら、その分が生活に還元されて楽になるという実感が必要だ。

子どもの貧困でいえば、いまだに学校給食が導入されていないところもあり、無償化されていない。義務教育とは、その費用を家庭が負担できなくても、すべての子どもに保障されるべきものだが、日本ではそれがまだ実現していない。

それどころか、給食費を納めていない保護者を非難することが続いている状況だ。本来的に言えば、すべて無償とすればこうした問題は起こりえないはずである。

義務教育段階でも、学用品や部活動費、修学旅行費用などは、各家庭で負担しなければならないのが現状だ。これらも無償化を進めていくことが可能なはずである。税や保険料の使い道を変更したり、公的拠出を促していくことで、この状況を変えられるのではないだろうか。

実際、そのことによって子育て世帯の教育費負担を軽減できれば、子育てもよりしやすくなるはずだ。長時間労働からも解放されて、子どもと向き合う時間も生まれる。民間レベルで子ども食堂を運営したり、学習支援をおこなったりするのと並行して、公的支出を増やす取り組みが必要なのだ。

小手先の家計管理から社会保障要求へ

現在、一般の子育て世帯の給与所得が全体的に引き下がっていることは何度か指摘してきた。公的な支援が手薄なひとり親世帯の貧困はより深刻だ。

長時間労働が当たり前の正社員の仕事は、子育て中の母親には負担が大きいし、低賃金の非正規雇用では働いても貧困から抜け出せない。

こうした雇用環境を変えていく必要があるし、それを補う社会保障がなければ、生活は一向によくならないだろう。具体的な生活場面から社会保障を見直して、家計支出の引き下げにつながる要求をしていく必要がある。

家計管理を徹底すれば子育て世帯の支出は抑えられるといった主張が一部でなされ、ファイナンシャルプランナーなどが助言や指導に奔走している。

だが、問題の本質は低所得世帯の家計管理ではない。多くの世帯が陥っている恒常的な収入不足であり、その範囲を超える必要や需要の拡大である。節約や自助努力では解決しがたいのであり、公的な支出を拡大させることでしか改善できない場合が多いのである。

『マイケル・ムーアの世界侵略のススメ』

『マイケル・ムーアの世界侵略のススメ』という映画をご存じだろうか。マイケル・ムーア監督が世界を旅して、アメリカ社会と各国とのあまりの違いに衝撃を受けるという内容だ。

学校給食では友人とコース料理を楽しむフランス、長期間の休暇が取れてバカンスを楽しむイタリア、大学の学費も無償で世界から学生が集まるスロベニア、麻薬を合法化したら麻薬の使用率が低下したポルトガル、受刑者を信頼して刑務所の塀をなくして自立支援をするノルウェー、と各国の取り組みが紹介される。

いわゆる福祉国家の紹介であり、日本と比較しても新鮮な光景である。税や保険料を拠出しておけば、さまざまなサービスや財が分配されて、豊かな生活が営めることをわかりやすく描いている。社会福祉の国際比較から得られることは多い。

映画では紹介されていないが、英国の場合、NHS（National Health Service）によって医療費の窓口負担はない。ドイツも同様に、病院窓口で負担を求められることはない。所得に応じて、ある程度の税を払っておけば医療費は無償という制度が整えられている。

福祉国家をイメージする

日本の場合、子どもなどに限定して医療費の窓口負担をなくしているが、それぞれの経済状況に関係なく、必要なときに必要な医療が受けられる制度の必要性は、全世代で高まり続けている。

実際、僕が過去に配信したYahoo! 記事「お金が無くても保険証が無くても病院受診する方法!」(https://news.yahoo.co.jp/byline/fujitatakanori/20140221-00032867/) は、多くの人に読まれ、いまだに反響が止まらない。医療費の窓口負担が減免される無料低額診療施設の紹介記事である。医療費負担ができない人、重くのしかかっている人があまりに増えていることの現れだろう。

フランスでは公営住宅や社会住宅(低所得者向けの公共住宅)に税が投入されており、家賃補助制度も導入されている。住宅を市場まかせにしないで、税によってサービスを分配する仕組みが整備されている。だから、住居費が家計を圧迫することがない。

日本では税や保険料を払っても、他国のように人びとが長時間労働から解放され、家族や友人と生活を楽しみ、豊かに暮らす社会をイメージするのは難しいかもしれない。井手英策が指摘するように、日本では長らく経済成長依存路線が続き、再分配の議論をきちんとしてこなかった。経済成長しなくても、分配次第で豊かに暮らせるモデルが信じられないのも当然かもしれない。

自由民主党の「日本型福祉社会」

自民党が「日本型福祉社会」（自由民主党「研修叢書8　日本型福祉社会」1979）を掲げた際にも、社会福祉や社会保障の拡充、公的な支出の増加はデメリットが大きいかのように語られていた。

その際、「福祉国家の影」と題し、「英国病」や「スウェーデン病」といった表現が用いられていた。福祉国家を社会病理として捉える、きわめて偏狭な姿勢が見て取れる。福祉国家は重税国家であり、国民負担も大きいので勧められず、高福祉によって、社会保障給付に甘えて堕落した市民が生み出されかねないと指摘されているのである。

そこでは税や保険料を低く抑えることが優先され、再分配機能が弱いことのメリットが強調されていた。こうした姿勢が、本来の福祉国家に変容していくことを妨げてきた。それもあって、日本は福祉国家とはとても呼べないような社会になってしまった。

景気が低迷して以降は、人びとは他国のように社会福祉も社会保障も受けられず、傷んで苦しみ続けている。政府は市場を適切にコントロールしようとせず、再分配機能を強化しないまま現在に至っているのだから、人びとの苦しい生活は、人為的に作られたものだといっても過言ではない。

労働組合にしてもベア（給与ベースアップ）の要求以外は重視せず、人びとの切実な生活課題に応えられずにいる。経済成長の陰に隠れていた社会問題の数々が、ここにきて噴出しているのである。

真の日本型福祉国家に向けて

これまでは福祉国家を再建する取り組みが低調だったが、これから僕たちが何を要求するのかによって、社会のあり方は劇的に変わっていくだろう。

社会福祉や社会保障についていえば、日本にはまだまだ発展の余地があり、子どもから高齢者まで世代に関係なく、支払った税や保険料から何を求めるのか決めることも可能なはずだ。

そのためには、どのような福祉国家を僕たちが望むのか、他国と比較しながら、具体的な生活場面から要求を積み重ねていくことが大事である。

具体的な行動や組織的な結束が社会を変革していく近道であるし、必要を満たしていく突破口だと僕は考えている。以前のような「日本型福祉社会」の弊害を克服しなければならないことは言うまでもない。

福祉専門職と僕たちが歩むべき道

これまで社会福祉を担い、それを必要とする人びとに財やサービスを提供してきた福祉専門職から、まずは変わらなければならない。ひいては社会福祉全体が変わらなければいけない。

岡山孤児院など児童福祉制度や児童養護施設の確立に寄与した石井十次《じゅうじ》(1865―1914)という人がいる。戦前の日本で彼は、飢餓や孤立に苦しむ身寄りのない児童に手を差し伸べ、救済や支援に奔走した。子どもたちが住めるような施設を建設し、それが児童養護施設の先駆けとなった。

賀川豊彦《とよひこ》(1888―1960)という人もいる。彼は戦前に、貧困に苦しむ人々や労働者の生活の安定を目指して、生活協同組合の創設や労働運動に加わった先駆者だ。生産の場が資本に独占されているため、働いても賃金が少なくて生活苦に至っている、搾取された労働者に手を差し伸べながら運動を展開してきた。

生活協同組合とは本来、資本や市場の論理ではなく、自分たちで生産や消費をおこない、必要な物品を組合員同士で分配し、お互い助け合う非市場化された経済システムである。その重要性に気づき、日本への導入に踏み切ったのが賀川豊彦だった。

児童養護施設も生活協同組合も、今でこそ法律や制度の枠組みに組み入れられて、昔からあるようなイメージがあるが、実際には100年程度の歴史しか持っていない。養護老人ホームや母子生活支援施設、障がい者グループホーム、年金制度、医療保険制度、雇用保険制度なども同様であり、先人たちが仲間とともに、人びとが苦しまないよう要求し、行動してきたその結果である。

こうした要求に押されて、社会福祉の範囲が拡大し、それに税や保険料が充てられることになった。福祉専門職などを通じて、財やサービスが再分配されるようになったのである。

僕たちは、現在の福祉制度を当然のように受け止めているのだが、それは市民を含め、多くの先人たちの要求や社会運動があって初めて成立したものだ。

下から突き上げる

強調しておきたいのは、政治や政策の力によって、人びとの暮らしが改善されてきたのではない、ということだ。政治や政策に先立って、常に市民や社会事業家など多くの人びとが議論し、賛同して行動するなかで、税や保険料を拠出して支える仕組みができてきた。

微力ながら僕も、社会事業家であるソーシャルワーカーの一人として、ホームレス支援から始まって、生活困窮者や刑余者の支援、ワーキングプア対策など、現場に軸足を置いて取り組んできた。

生活困窮者が入所可能なシェルターの創設、障がい者のグループホームの建設、刑余者の受け皿の拡充などを、当事者や仲間とともに進めてきた。こうして今では、生活困窮者を支援する活動や仲間たちが全国各地に増えている。

これらの実践や運動の成果として、2015年には生活困窮者自立支援法が成立した。同法には賛否両論あり、問題も山積する法律であるが、生活困窮者支援の必要性を明確に打ち出した画期的な制度である。

このケースにしても、実践活動や市民の要求が先なのである。法律や制度は突然降って湧いてくるようなものではない。私たちの実践がなければ何も始まらないのである。

近年の福祉専門職は、法律に定められた基準に合致する人しか支援対象にしていないという批判があり、福祉専門職こそが排他的だと言われている。こうしたなかで、福祉専門職こそが率先して市民の必要をすくい取り、市民とともに社会福祉を牽引していかなければならないだろう。

不自由な福祉労働者の劣悪な労働環境

そのためにも福祉専門職は、自分たちの働き方や処遇を改善させていかなければならない。現在の保育士や介護士の処遇は低劣で、日々暮らしていくこともままならないからだ。こうした厳しい状況があるなかで、福祉専門職による虐待や傷害事件が引き起こされるようになってしまった。

厚生労働省の発表（http://www.mhlw.go.jp/file/04-Houdouhappyou-12304500-Roukenkyoku-Ninchishougyakutaiboushitaisakusuishinshitsu/0000073579.pdf 2013）によれば、介護施設の現場では慢性的な人手不足が続いており、知識や経験の乏しい職員も増えている。

このため、職員自身がひどいストレスを抱えるようになっているし、介助などの対処法がわからないままという職員も少なくない。当然、虐待件数も上昇傾向が続いている。

福祉専門職の経験不足や知識・技術不足などが虐待に向かわせているという指摘は以前からある。福祉労働者が職場で組合を組織して、賃金や処遇の改善を求める運動を展開できず、孤立が深まるこの状況は危機的だ。

厚労省が2013年度の、高齢者虐待の対応状況等について実施した調査によれば、家族を含む養護者による虐待の原因は、「虐待者の介護疲れ・介護ストレス」が1398件（25・5％）で最も多く、「虐待者の障害・疾病」1221件（22・2％）、「家庭における経済的困窮（経済的問題）」925件（16・8％）と続く。

僕たちの社会では、困った時に手を差し伸べてくれるのは、福祉専門職である。その質と量が低下し、ケアではなく不利益を与え始めていることを重く受け止めなければならない。

相模原障害者施設殺傷事件のように、戦後最悪の殺人事件を社会福祉関係者が引き起こしたという事実も重く受け止めなければならないだろう。その背景にある人手不足や研修の不備、低劣な労働条件といった問題を解消していかなければならないことは言うまでもない。

これからの福祉実践のために

福祉専門職は、そのために何をすればいいのだろうか。ひとつは、今野晴貴もいうように、労働組合を通じて福祉専門職が声を上げていく必要がある。

労働組合に組織化された福祉専門職が、自身の労働条件だけでなく、相談者の待遇改善、福祉制度の変革などを、組合を通じて要求し、具体的に変化を起こしていくことは可能だ。実際、看護師などもそのように社会に働きかけてきた。

現在の社会保障、社会福祉制度では、ソーシャルワーカーの実践も、政府や自治体が定めた枠組みに押し込められてしまい、自由な社会活動は制限されてしまっている。まさに「官僚制」に縛られた状態で相談者と関わらなければならない。

本来なら要介護高齢者にしても、介護保険制度の枠内に押さえ込まずに、必要な支援を提供してもいいはずだし、地域でネットワークを構築して相互に支え合う独自のシステムを構築してもいいはずだ。

しかし、現状では福祉専門職が「お金に換算できること」を中心にニーズを聞き取り、支援体制を構築しているだけである。そうした枠組みを批判的に検証し、社会福祉の対象者たちとともに、この社会の変革のための行動を起こすことが、福祉専門職には求められているのである。ところが現状では、福祉専門職もソーシャルワーカーも無力化させられている。

その歪みは相談者やその家族に及ぶ。社会福祉が不十分ななかで、福祉機能の役割をそれぞれの世帯に委ねてしまえば、早晩、家族はその負担に耐え切れなくなってしまう。実際それは、子どもの虐待や殺傷事件、介護殺人、心中事件といった惨事を引き起こしている。家族が家族としての機能や役割を取り戻していくために社会保障給付は不可欠であり、福祉専門職が当事者とともにそのための要求をしていく必要がある。

現在の社会保障給付の水準では、日本の家族は家族的なものを維持できず、家族の温かさや豊かさを失うほかないだろう。福祉専門職の役割は家族機能の社会化であり、その過程を通じて、真の意味での家族を取り戻すことである。社会保障の給付を拡大することで、家族の再建も実現できるのだ。

福祉専門職の実践によって、福祉国家としてのこの国の展望も開けてくるはずだ。まずは先人たちに倣《なら》い、社会福祉の必要性と地位の向上を訴えながら、相談者とともに、家族機能の社会化を目指すこと。すべてはそこから始まると言っていいだろう。

必要なのは市民の力

２０１７年の衆議院議員選挙を覚えているだろうか。大学学費無償化や給付型奨学金が各政党のマニフェストに掲げられた。

そもそもこれは、中京大学の大内裕和教授や元・聖学院大学の柴田武男教授らとともに、連合傘下の労働組合など多数の労働者が求めてきた政策の一部でもあった。

労働者や市民、学者が連帯して社会運動を展開してきた結果、政治が動き始めている。大学学費など高等教育の費用は、おおむねその受益者たる家族や当事者が支払うものとされてきた。

だからこそ、教育における私費負担が大きく、公的支出が少ないという状態が固定化されてきた。市民や労働者、学者がこうしたあり方を問い直し、税の拠出による再分配を求めたことが、政治家を動かしたと言ってもいいだろう。

若者や労働者への社会保障給付を再検討するよう、政府も動き始めている。少子化が深刻化し、夫婦共働きが増えるなかで、子育ての負担軽減も議論の俎上にあがっている。

子どもの面倒は家族や妻がみるもので、それができない「保育に欠ける児童」が利用するのが保育園だという価値観が、これまで支配的だった。だが、すべての子どもが保育園を利用できるようにしようという議論が、近年高まりをみせている。それだけでなく、幼児教育や保育園の無償化に関する議論も活発におこなわれるようになっている。こうした変化も、私たちが要求の声を上げ、社会運動を展開したからにほかならない。

前述したように、義務教育段階の給食費を無償化する自治体も増えてきた。例えば埼玉県滑川町では、子どもの給食費や医療費などの負担軽減を他の自治体に先駆けておこなっている。未成年者への医療費を含む義務教育段階の医療費を無償にする自治体は多いし、高校生までの医療費を無償とする自治体も増えている。

ここで改めて確認しておきたいのは、政治を動かし、政策を動かしているのは一体だれなのか、ということだ。私たちは、政治家や行政職員が政策を実現してくれたように錯覚することがあるし、現に政治家は自分の手柄として語ることが少なくない。

だがそれは、これまで述べてきたことからも分かるように、ごく表面上のことに過ぎない。いま必要なのは、僕たちが主人公なのであり、市民や労働者が声を上げることで政治は動く、という感覚を取り戻すことだ。なぜなら、私たちの要求がなければ、政治家や行政による政策立案もその実行も不可能だからだ。僕たちが何も要求しなければ、政治は動かないのである。

社会運動が活性化することで、政治の世界を僕たちの方へ引き寄せることができるはずだ。そのためにも、どのような社会を望み、どのような政策を求めていくのか、僕たちは考えなければならない。それによって、考えてもみなかった劇的な変化を経験する場面が増えてくるはずだ。

僕たちが目指す社会を実現するには、いったい何が必要なのだろうか。そのことを一緒に考えてくれる読者の存在こそが希望のはじまりだ。心からそう思っている。

第6章

「職業の再建」で分断を乗り越える

……………今野晴貴

これからの労働をどうすればいいのだろうか。政府は「働き方改革」を唱えている。また、経産省は2016年に「新産業構造ビジョン　中間整理」を発表し、AIやロボット技術の発展によって、2030年までに国内の雇用は735万人減少すると指摘し、社会に衝撃を与えた。そして、「新産業構造ビジョン」がこの状況に対応する戦略として提示されている。

だが、これらの対策は、日本の「はたらく場」や「くらしの場」、「保障の場」を持続可能なものに再建していくことからは程遠い。むしろ、逆方向を目指しているといってもいいくらいだ。

本章では、政府の「対案」とは異なり、「職業の再建」が労働問題の解決のカギを握っていることを示していきたい。

「一般労働者」の時代

はじめに確認しておきたいのは、井手英策が述べているように、すでに「経済の時代」は終焉に向かっているということだ。と同時に、本書の前半で見たように、勤労主義を支えた日本型雇用も変質しているということである。もはや年功賃金は期待できず、いくら働いても貯蓄もできないような、非正規雇用とブラック企業の正社員が増加している。

非正規雇用でフルタイムで働き、生活費を自分で賄っている労働者たちと、正社員でありながら、比較的単純な労働に長時間従事させられて使いつぶされる、ブラック企業の正社員たち。彼らは相互に転職を繰り返し、一つの社会階層を形成している。

長時間労働の下層正社員のなかには心身を病み、自ら希望して派遣労働者になる者もいる。その逆に、派遣労働の不安定性から脱出しようとブラック企業に吸引される者もいる。その繰り返しの体験は、すでに多くの正規・非正規労働者の間で共有されている。

これは、これまでの終身雇用・年功賃金の正社員や、主婦やアルバイトからなる非正規というカテゴリーには含まれない「一般労働者」の共通体験だといってよい。

彼らは個別の企業にとらわれていないという意味でも、すでに日本の労働者の大多数になりつつあるという意味でも「一般的」だ。だから僕は、「正規」「非正規」というカテゴリーとは別に、彼らを「一般労働者」とひとまとまりで呼ぶべきだと考えている。今では年功賃金・終身雇用の正社員ではなく、彼らの方が日本の労働者の中核をなしている。

だから、日本型雇用を前提とした勤労主義（頑張って働いていさえすれば、なんとかなるという考え）、は、もはやまったく通用しないどころか害悪にさえなっている。

時代錯誤の「働き方改革」

このような状況にあって、「働き方改革」にどれだけ期待できるだろうか。結論から言えば、まったくの期待外れだと言わざるを得ない。

働き方改革関連法案には、労働時間の上限規制が盛り込まれているが、そもそもその「上限」が、厚労省の過労死認定基準を超えている。

また、同法案には「高度プロフェッショナル制度」の創設や裁量労働制の拡大などが盛り込まれている。高度プロフェッショナル制度とは、一部の労働者に対して労働法の適用を除外し、いくら働かせても残業代を支払わなくてもよくする制度である。「定額働かせ放題」の法案だ。

今のところ、年収1075万円以上の「見込み」がある労働者を対象とすることになっているが、経団連は、かねてより年収400万円以下のホワイトカラーには、一律に労働法適用除外を導入すべきだと主張しているので、今後拡大されていくだろう。

それだけでなく、類似の制度である裁量労働制も、大幅に規制緩和されようとしている。この制度の対象となるのは、高度な自律性を有する「強い労働者」とされ、ここでも残業代の支払いが実質的には免除されている。ところが、裁量労働制の求人を僕が調べてみたところ、実に70%が最低月給20万円以下だった。

結局、これらの制度改革は、ブラック企業による使いつぶし戦略を支援するだけなのだ。「一般労働者」にこれまで以上の滅私奉公を強いることを促進し、これによって日本の経済成長を成し遂げよう、ということだろう。

政府が奨励する「副業」と「借金」

こうした姿勢は「賃金依存の福祉」にも結び付いている。すでに多数となった「一般労働者」には年功賃金がないため、子育てや住居、医療など、年齢とともに上昇する費用の負担ができない。だからこそ、結婚や出産が減少し、日本は「民族衰亡」の危機に瀕している。

賃金が増えないなかで、政府が奨励しているのはなんと「副業」と「借金」である。副業の促進は2017年3月の働き方改革実行計画に明記され、モデル就業規則も改定された。その狙いは、低賃金と低福祉をさらなる長時間労働で補わせるということにほかならない。

実際、30代半ばの筆者も、小さい子どもを持つ友人たちと話していると、高騰する教育費を賄うために深夜や休日に副業をして収入増を図りたい、といった話をよく聞かされる（だから、法律上問題が起きないか、といった相談を頻繁に受けることになる……）。

もう一つ、生計費の不足をおぎなっているのが「借金」だ。日本の奨学金は実質的には「ローン」であることが最近ようやく問題になってきたが、大学新卒の半数近くが数百万円の借金（しかも半数以上が利子付き）を背負っている。それが、大手銀行の優良な投資先になっている。

そして、最近では銀行カードローンが再び活況を呈している。銀行カードローンには消費者金融の規制が適用されないことを利用し、銀行カードローンがサラ金化しているのである。実際、カードローンは年利が10％を超えることが一般的で、数十万円から1000万円を超える金額が融資されることもある。カードローンの貸付残高はすでに消費者金融のそれを追い抜いており、自己破産も増加に転じている。

勤労主義を支えた条件の解体に直面しても、飽くことなく経済成長を追求し、さらなる長時間労働と借金を国民に押し付ける。このようなやり方は、世も末というものであろう。

働き方改革は、低賃金・長時間労働を促進するだけでなく、副業や借金を推奨することで、ますます賃金依存の社会を作ろうとしている。これは、本書で藤田孝典が指摘している福祉の選別主義と結びついて、この社会の荒廃を加速させていると言っていい。

詰きつめれば、勤労主義を継続し、自己責任で対応しろということだ。「保障の場」の再建を放棄していることと、「はたらく場」における勤労主義の継続は、結合している。目新しい言葉が飛び交う割に、本質的には何も変わっていないのである。

AIに期待できるのか？

一方で、AI技術やロボットの導入が人手不足を解消するという議論もある。だが、「はたらく場」が「無限の指揮命令」に支配され、「保障の場」も脆弱な日本に導入された場合、とんでもない結果をもたらすだろう。

人手不足が叫ばれ、ブラック企業やブラックバイトの代名詞とされてきた外食産業や小売業への影響から考えてみよう。

まず、レジなどの単純化された業務の多くをロボットが担うことになるだろう。いずれはコンビニや飲食店の「完全自動店舗」が実現し、普及することも考えられる。単純労働の多くから人間は解放される可能性がある。

ところが、この解放は「完全」なものにはなり得ない。人間にしかできない顧客対応や、突発的な事態への対応は、ＡＩには困難だからだ。だから、顧客のクレームに対応するための人員が必ず必要になる。機械の不具合に対応する人員も必要だろう。だが、すでに述べたように、チェーン店の業態では人員を限界まで絞り込むことで利益を出している。

そのため、こうして「残された労働」にしても、最小限の人員でこなすことが求められるだろう。例えば、ある地域には数人の社員だけが配置され、クレームや機械のトラブル対応に奔走する。そうなると、まったく家には帰れない。こうした事態が容易に想像される。

「労働者は減るが、長時間労働は減らない」のだ。現状でもすき家の社員は、アルバイトの欠員分を補うために地域中を駆けずり回り、過重労働に苦しんでいる。機械の導入が進んでも、こうした業態のあり方そのものを変えない限り、職場環境を改善することにはならない。

まして、多くの産業で機械化が進み、雇用量が減少するなかでは、「残された過酷な仕事」に人々が殺到し、ますますブラック企業による人材「使いつぶし」経営が強化される可能性がある。

労働市場の仕組みが今までと同じでは、ただ求人数が減るだけで、むしろ一人一人の労働はより過酷なものになりかねない。

ケア労働においては、事態はより深刻になる可能性がある。ロボットや監視システムの導入による省力化に期待が集まっているが、それらは「省力化」を実現することができたとしても、必ずしも「ケアの質」を担保できるとは限らないからだ。

労働の分業やマニュアル化がさらに進む可能性があり、利用者からすれば、流れ作業の中に放り込まれたような状況に陥ることが懸念される。ロボットの導入にしても、要介護者を「モノ」のように取り扱う可能性は否定できない。

人員の削減のためではなく、むしろ介護士たちの労働をサポートする観点からのＡＩやロボットの導入こそが本来のあるべき姿だが、「利益追求」の論理はこれを許さないだろう。

AI＋BI論の罠

ＡＩが人余りを作り出すことに関連して、すべての人に無条件に現金を給付するＢＩ（ベーシックインカム）待望論が語られている。ＡＩによって仕事が減るなかで、ＢＩを導入すれば働かなくとも豊かな社会になるというのだ（井上智洋『人工知能と経済の未来』）。

僕は、これにも大いに疑問がある。

まず、労働者同士の際限のない競争をもたらす「属人給」制を放置したままＢＩを導入しても、害悪しか生まないということだ。ＢＩのように定額の金銭給付をすると、賃金が簡単に下がってしまうからだ。そうなれば所得に不足が生じ、その分、働かなければならなくなる。

労働規制なき金銭給付が賃金を下落させるということは、労働規制が確立する以前の19世紀イギリスにおける、スピーナムランド制（貧民救済を目的とする現金給付制度）の経験でもすでに明らかになっている。

また、ほかの社会保障の脆弱さをそのままにして一定額の金銭を給付されても、ここまで問題にしてきた「賃金に依存した生活」を変えることはできない。というのも、それはＢＩと「低くなった賃金」で暮らせ、ということになるだけで、もしそこで生活費（教育、医療、住居など）が高騰し続けるのであれば、結局同じ結果を招くからである。まして、ＢＩの代わりにほかの社会保障費を削減するなど、もってのほかだ。

もし、介護保険や医療保険、国民年金を解体し、月に10万円ほどＢＩが支給されるよう

図 6-1　職業別の従業員数の変化

（2015 年度と 2030 年度の比較）

職業	変革シナリオにおける姿	職業別従業員数		職業別従業員数(年率)	
		現状放置	変革	現状放置	変革
①上流工程〔経営戦略策定担当, 研究開発者　等〕	経営・商品企画, マーケティング, R&D等, 新たなビジネスを担う中核人材が<u>増加。</u>	−136万人	+96万人	−2.2%	+1.2%
②製造・調達〔製造ラインの工員, 企業の調達管理部門　等〕	AIやロボットによる代替が進み, <u>変革の成否を問わず減少。</u>	−262万人	−297万人	−1.2%	−1.4%
③営業販売(低代替確率)〔カスタマイズされた高額な保険商品の営業担当　等〕	高度なコンサルティング機能が競争力の源泉となる商品・サービス等の営業販売に係る仕事が<u>増加。</u>	−62万人	+114万人	−1.2%	+1.7%
④営業販売(高代替確率)〔低額・定型の保険商品の販売員, スーパーのレジ係　等〕	AI, ビッグデータによる効率化・自動化が進み, <u>変革の成否を問わず減少。</u>	−62万人	−68万人	−1.3%	−1.4%
⑤サービス(低代替確率)〔高級レストランの接客係, きめ細やかな介護　等〕	人が直接対応することが質・価値の向上につながる高付加価値なサービスに係る仕事が<u>増加。</u>	−6万人	+179万人	−0.1%	+1.8%
⑥サービス(高代替確率)〔大衆飲食店の店員, コールセンター　等〕	AI・ロボットによる効率化・自動化が進み, <u>減少。</u>※現状放置シナリオでは雇用の受け皿になり, 微増。	+23万人	−51万人	+0.1%	+0.3%
⑦IT業務〔製造業におけるIoTビジネスの開発者, ITセキュリティ担当者　等〕	製造業のIoT化やセキュリティ強化など, 産業全体でIT業務への需要が高まり, 従業者が<u>増加。</u>	−3万人	+45万人	−0.2%	+2.1%
⑧バックオフィス〔経理, 給与管理等の人事部門, データ入力係　等〕	AIやグローバルアウトソースによる代替が進み, <u>変革の成否を問わず減少。</u>	−145万人	−143万人	−0.8%	−0.8%
⑨その他〔建設作業員　等〕	AI・ロボットによる効率化・自動化が進み, <u>減少。</u>	−82万人	−37万人	−1.1%	−0.5%
合計		−735万人	−161万人	−0.8%	−0.2%

出所：株式会社野村総合研究所およびオックスフォード大学（Michael A. Osborne 博士、Carl Benedikt Frey 博士）の、日本の職業におけるコンピュータ化可能確率に関する共同研究成果を用いて経済産業省作成

になれば、病気や要介護になった途端に生活は破綻してしまうだろう。

雇用減少への政府の対応

ＡＩやロボットによって仕事が減少する問題に対して、政府は「新産業構造ビジョン」を打ち出した。冒頭で述べたように、２０３０年までに７３５万人の雇用がなくなると政府は予測している。

そのうえで、製造業の単純労働や、経理などの間接部門ではＡＩなどによる労働代替が不可避的に進み、両部門を合計した雇用の減少幅だけで４００万人以上になると試算している。

一方で、大衆飲食店の店員、コールセンター等の「サービス業（高代替確率）」は、ＡＩやロボットによる効率化・自動化が進んで減少するが、現状のままでは、全体の雇用が減少するなかで、むしろ大量に人が流れ込んできて、ほとんど減ることはないと予測されている。

つまり、間接部門で大幅に雇用が減り、失業者はサービス業に流れ込んできて、劣悪なブラック企業型のサービス業はかえって拡大するというのが、そこでのシナリオなのだ。

この分析は、新しい技術によって、ブラック労働がそのまま増えていく、という僕の予測とも一致する。

問題は、そのシナリオを避けるための対策だ。経産省は、雇用減少に対応するためには、いずれ淘汰されるべき上記のようなサービス業を積極的に縮小させ、人が直接対応することが質・価値の向上につながる、高級レストランの接客係やきめ細やかな介護などの「高付加価値なサービス」を増加させなければならないとしている。

また、営業部門においては、高度なコンサルティングが競争力の源泉となる商品・サービス等の営業販売にかかわる仕事を増やすべきだという。

要するに、高付加価値で「人にしかできない仕事」であり、かつ、お金がもうかるような仕事を増やしていこうということだ。

「新産業構造ビジョン」の問題点

「新産業構造ビジョン」の最大の問題点は、井手英策が「周辺へ追いやられる」と指摘する、顕示的消費を中心とした経済を、さらに追求していこうとしているところにある。

高級レストランの接客係を増やしていこうとする発想に、それは端的に現れている。そもそも、「きめ細やかな介護」は、金持ち向けのサービスを前提としている。介護保険が崩壊し、一般人は「ニード」すら満たされていない状況で、金持ち向けの産業を育成していこうなどと考えて、持続可能な社会が作れるはずがない。

経営・商品企画をおこなうような、高度なコンサルタントも、それほど増えるものではない。それらの「高度な仕事」の内実が、省力化や生産・消費のマッチングの効率化などの業務である以上、管理する側が大量に増えるなどということは、そもそもありえないのだ。仮にそうしたノウハウを海外に売っていくとしても、やはり、限界がある。当然、製造業における上流工程も同じだ。

逆に、「高級」でも「高度」でもないとされる、介護や保育などの対人ケアの仕事は増え続ける。高齢化が進む現代日本にあっては、なおさらだ。

もちろん、代替性の高い仕事を減らし、「雇用」をより増やしていきたいという政府の考えはわかるが、井手英策が強調しているように、顕示的消費が今後主流をなすことはもはやなく、逆に「ニード」の経済は残り続ける。

したがって、今後も労働集約型の産業はなくならず、金持ち向けの産業とは分離していくだろう。「高級ではない飲食業」、「きめ細やかではない介護」。大半の一般人は、そうした労働によって自らの「ニード」を満たさなければならない。

勤労主義を克服せずにこのまま突き進んでいけば、ブラック労働を通じた労働搾取と劣悪なサービスが、ますます跋扈することになるだろう。したがって今、何より考えなくてはならないのは、顕示的消費の拡大ではなく、代替性が高くて劣悪なブラック労働の温床と化している産業分野を、「これからどう豊かにするのか」ということだ。

ニードを満たすための労働が中心となるなかで、これを再建することこそが、持続可能な「はたらく場」と「くらしの場」を再建していくことにつながる。また、それを支えるための「保障の場」こそが求められているのである。

ギャンブル依存症患者を増やす愚策

もちろん可能であれば、「高級」であろうとなかろうと、雇用の場があるのに越したことはない。だからといって、雇用を拡大するために、規制を緩和してブラック労働を容認したり、サービスそのものを劣化させて、ニードの経済を犠牲にしたりするのは本末転倒だといいたいのだ。

これに関連して、僕が強く疑問を覚えるのは、カジノを認めることで海外の富裕層向けのサービスを増やし、雇用につなげようというIR(統合型リゾート)法を推進していることだ。

すでに日本は、ギャンブル人口が2000万人に達する「ギャンブル大国」だ。競馬、競艇、競輪、オートレース、そして巨大な「パチンコ産業」が根づいている。パチンコだけでも年間の売上は20兆円に上り、カジノでは世界最大のマカオの10倍以上になる(若宮健『パチンコに日本人は20年で540兆円使った』)。

最近、成長が目覚ましい回転ずし業界の市場規模が約6000億円だから、パチンコは回転ずしの30倍を超える規模に達しているわけだ。「いったいどれだけあるんだよ」と思うし、日本人は自分の人生をどれだけパチンコ台に座って費やしているのかと、やりきれない気持ちにもなる。

もちろん、日本では土建国家によって地域社会がいびつに変質させられてきたから、地域に居場所が少なくて、パチンコ店が唯一の居場所だという人も少なくないだろう。パチンコ店で「居場所」を作ろうとしている人たちの善意も大切にしたい。

だが、日本のギャンブル依存症患者は500万人を超えている。依存症患者はパチンコのことしか考えられず、必ず多重債務に陥る。家族の財産を食いつぶし、自分の人生、仕事、家庭、友人、何もかもをめちゃくちゃにする。

カジノまで作って、これ以上依存症患者を増やしてどうするのかと思う。そんな「経済成長」をいくら達成しても、日本が豊かになるはずはないだろう。

また、最近では携帯ゲームやネットゲームの市場規模が拡大しているが、ここでも、極端に依存性の高い商品がほとんど無規制に広がっている。子どもたちの発育途上の脳は、刺激の強いスマホゲームに依存しやすいことを忘れてはならない。

ネットゲーム依存は世界的に問題化しており、韓国では16歳未満の児童に対して深夜零時から朝6時までインターネット・ゲームへのアクセスを規制している。中国でも、18歳未満の児童が1日5時間以上プレイした場合には、ゲームをする権利が失われるという規制を試験的に導入している（岡田尊司『インターネット・ゲーム依存症』）。

これらの国は、成長中のゲーム産業を自国に抱えているのだが、自国の子どもたちを守るために規制しているのだ。そして、規制のゆるい日本市場がゲーム産業の格好のターゲットにされている。本当に情けない限りだ。

日本政府は、経済成長ができるなら、何でもいいと考えているかのようだ。しかも、その成長のために社会を犠牲にしようとしている。井手英策がいうように、人々のニードを満たす経済の再建こそが必要だと強く思う。

「普通の働き方」へ

では、労働社会をどう立て直していけばいいのだろうか。その答えは、過重な労働を前提としない、あくまで「普通の働き方」を前提とする社会へと転換していくこと、にある。そのカギを握るのは、いまや日本の労働者の大多数を占める、フルタイムの非正規雇用労働者と非年功賃金型の正社員からなる「一般労働者」の働き方だ。

使いつぶしやサービスの劣化を避けるには、一般労働者の働き方が、持続可能な「普通の働き方」へと転換しなければならない。それが実現すれば、より多くの労働者が労働市場に参入できるようになり、ひいては人手不足の解消につながる。

ここで言う「普通の働き方」の中には、「まともなやり方」で労働をすること、も含まれる。介護や保育はもとより、そのほかの仕事においても、働く人が自主性を持ち、研鑽を積むことで、社会性が担保された労働が実現し、維持されることになるだろう。

「職業の再建」へ

「普通の働き方」を実現していくためには、それを推進する労働者自身のモチベーションが必要だ。その原動力となるのが、「職業」に対する連帯意識である。

介護をはじめ、多くのサービス業では「職種」が共通している。実はこのことが、労働問題を解決するうえで潜在的に有利な条件となっている。

旧来の日本型雇用では、会社の中でさまざまな職務に就くことが一般的だ。前章で述べたように、ほかの会社の人が抱える問題が「他人事」になったり、「就職」ではなく「就社」になってしまうのも、入社後に職業とは無関係の「職務」に就かされ、しかもそれが人事の配転で簡単に変更されてしまうからだった。

これに対して、一般労働者が就いている仕事は、介護、保育などに見られるように、具体的な職種・職務に限られていることが多い。そのため、会社の中で一時的に就いている「職務」とは異なり、「職種」の共通性が見えやすい。

つまり、「あの会社を選んだ自分が悪い」とか、「この会社の条件に我慢するしかない」といった話になりにくく、「保育士の賃金はこのくらいであるべきだ」というように、社会的に広がりのあるものとして労働の問題を考えやすいのである。

だから、それぞれの業界で、「ほどほどの働き方」のルールを作っていくという発想を共有しやすい。ある一定以下の労働条件であれば「不当」であるということが客観的に比較可能であれば、今のようなブラック企業や、露骨な非正規雇用差別はできなくなっていくだろう。

こうして職業的な連帯が確立すれば、仕事の中身をめちゃくちゃにしてまで自社の利益を出そうとする経営者にも対抗しやすくなる。つまり、人びとのニードを守ると同時に自分たちの仕事も守る、ということだ。職業的な連帯は、分業を前提とした現代社会で一般労働者が身を守るための、最強の防壁となるのだ。

「職業の再建」は、「生活の再建」にもつながる。普通の働き方が広がれば、家庭に配慮した生活も可能になるからだ。

最近は旧来型の企業でも、職務を切り出して「限定正社員」として採用することが増えている。そこには、年功賃金を与えなくて済むように、差別された雇用を作り出そうとしている側面もあるが、別の面からみれば、ますます「職種」が見えやすくなっているともいえる。職業的連帯の可能性はますます高まっているのだ。

「職業の再建」と労働運動

　ただし、いくら潜在的な可能性が高まっているといっても、職業的連帯の意識が自然と湧き起こるわけではない。それどころか、後で見るように、人びとの対立構造はむしろ深まっている。職業的連帯は、あくまでも「潜在的」な力にとどまっているのだ。

　だから、「職業の再建」は労働運動の実践によって勝ち取らなければならない。具体的には、憲法が保障する労働者の権利を行使し、不当な状況を具体的に訴えることで、守るべき「職種」を世の中に訴えていくことが必要だ。

　例えば最近では、ヤマト運輸の違法な残業代不払いが問題となった。一労働者の権利の問題から始まったはずの労働運動が、運転手全体の労働状況の劣悪さを訴えることにつながり、やがてAmazonを巻き込んだ流通業の問題へと発展した。このようにして、社会全体でドライバーの労働条件をどう守るのかが議論されるに至っている。

　同様に保育士をめぐる労働問題も、今日では職種としての問題となっている。保育士が離職する背景には、低劣な労働条件があることは、多くの事件から次第に知られるようになってきたからだ。保育士たちの訴えは、徐々に多数の職場へと広がり、その訴えは消費者（保護者）や行政にまで届いている。

このように、労働者の「まともに働く権利」をめぐる争いは、職種を同じくする多くの仲間の共感を呼び、新しい職業意識の醸成に寄与する。同時にそれは、さまざまな職業によって成り立っている「社会」からの関心をも引きつける。

つまり、労働者の権利をめぐる実践は、社会を変える実践にもつながるのである。かつて日本型雇用が、そうした実践によって勝ち取られた成果だったように、新しい労働社会のルールも、労働者の権利をめぐる実践を通じてのみ、社会に根づかせることができる。

ソーシャルワーク実践と「職業の再建」

「職業の再建」は、藤田孝典が主張するソーシャルワーク実践の社会運動とも密接に関係する。ソーシャルワーク運動が人びとの真の「ニード」をすくい上げ、これを社会運動化するものであるなら、そのニーズを実現するものこそが「職業の再建」だからだ。

①人びとの「ニード」がどのようなものであるのか

②「ニード」はいかにして満たされるべきなのか

これらはあらかじめ確定してはいない。むしろ反対に、何が人びとの労働によって満たされるべきニードであるのかは、社会的な葛藤を経て決まる。介護だろうが保育だろうが、「自己責任」だと言い切ってしまう社会もある。要するに、社会のあり方は、多様に決定し得る。

これまで見てきたように、人びとのニードを市場の営利活動ばかりに任せていると、「効率的で利益になる業態」を前提とする「ニード」しか存在し得なくなるだろうし、その満たされ方も省力化され、利益追求のもとで矮小化されてしまうだろう。その極端な現れが、ブラック企業が跋扈する現在の状況である。

藤田がいうソーシャルワーク実践とは、まさに、何が満たされるべき「ニード」であるのかをめぐる社会運動であり、利益になる／ならないとは無関係に、満たされるべき必要を社会に確定する取り組みである。それが「生活の再建」だといえよう。

満たされるべき「ニード」が確定したとして、それを「どのように満たすのか」は、「職業の再建」にかかっている。職業的連帯は、経営側による労働の単純化・マニュアル化という労務管理に抵抗し、自分たちで自分たちの仕事の中身に関与するような、自主管理的な潜在力をも秘めている。

ブラック企業が導入している労務管理の仕組みは、古くは「テイラー主義」と呼ばれ、労働者から構想力を奪い、マニュアルを徹底させることで利益を最大化させる方式として知られる。日本の企業の場合、慣習化したマニュアルに従うことも含めた「生活態度としての自発性」がそこに埋め込まれているので、労働者の振る舞い方は、いっそう深い次元でその規範に縛られてしまう。

日本の労働者は仕事への自発性が高い。だが、それは「会社に貢献する」という文脈に強く縛られてきた。だから、真剣に「はたらく場」に参画するほど、企業の論理（ブラック企業を含む！）にからめ取られていく。

これを「職業への自発性」に変えること。それが「はたらく場」を決定的に変革させるための戦略である。

持続可能な労働条件の実現を求めるだけでなく、職業を通じて社会の再生産に寄与し、自らの存在価値を実感できるような状態。働く者の尊厳が、そのようにして回復されることこそが、「職業の再建」にほかならない。

そして、この「職業の再建」を通じてこそ、「生活の再建」、つまりはニードを満たす経済社会を構想することができるだろう。

対立を乗り越えるベーシック・サービス

次に、「職業の再建」と「保障の再建」の関係について考えていきたい。

まず、この章の前半で見たように、ワーキングプアの一般労働者たちは、社会政策のゆがみのために、貧困層と対立する構図にある。一方で、従来の日本型雇用の恩恵に浴している上層労働者と、旧来型の日本型雇用の労働者たちは、これまで以上に歩調を合わせている。働き方改革を支持したり、「官製春闘」をもてはやしているのである。

図6-2に示したように、一般労働者と被保護層の対立が続けば、貧困対策は「貧困者」へとさらに焦点化される一方で、全体としては給付額は削減されていき、普通に働いて普通に暮らせる社会から遠ざかっていく。

実際、貧困対策をこれまで以上に「本当に必要な人」に絞り込んでいこうという議論が進んでいる。そうなると、貧困者とワーキングプアはますます対立する構図に追い込まれていくだろう。

働き方改革が進展していけば、日本型雇用の中間層も、一般労働者も、自分たちの首を絞めているはずの、賃金依存の勤労主義にしがみつくしかなくなってしまう。

図6-2

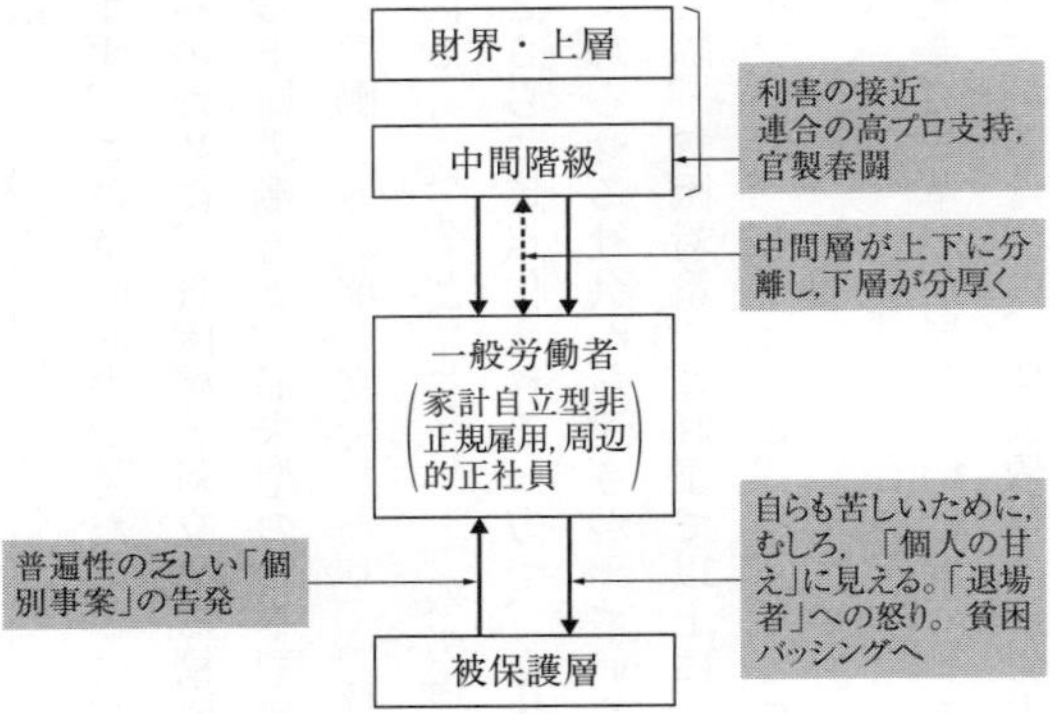

そこで求められるのは、井手英策のいうように「保障の場」を再建し、一般労働者を含め、だれにでも「ベーシック・サービス」が提供されるようにすることだ。ベーシック・サービスの提供は、労働者と被保護層の対立を克服するための政策となるだろう。

「保障の再建」のカギを握る一般労働者

「ベーシック・サービス」を実現するための最大の社会的勢力こそが、「職業の再建」の担い手でもある一般労働者たちだ。年功賃金が得られない一般労働者たちは、ベーシック・サービスを不可欠とし、なおかつ社会のボリュームゾーンをなす社会階層だからだ。

だから、「保障の再建」のカギを握るのも、実は一般労働者たちによる労働運動だといっていい。

先述したように、「職業の再建」を目指す労働運動は、会社への従属と引きかえに得られる年功賃金は期待できない。経済成長に適合した能力主義的な労務管理は、一般労働者には適用されていない以上、会社に生活を丸抱えさせるという発想には限界がある。こうして、それぞれの仕事に対して正当な対価を平等に求めていくことが必要となる。

しかし、正当で平等な賃金は、病気や住居、子育てなどさまざまな事情を抱えた個人の生活を、全面的にカヴァーするものではない。個々人のニードには大きな違いがあり（例えば、子どもの有無、持病の有無、親の介護の有無など）、それらを一律の賃金で賄うことはできないからだ。

だから「職業の再建」は、井手英策のいう「ベーシック・サービス」が提供されることで、補完される。平等に、自分一人が生活し、場合によっては子ども一人分を養える賃金が、労働に対する正当な賃金として支払われ、そのほかの生活上のニードは国によって保障されることで、はじめて安定した生活を得ることができる。

一般労働者にとって、賃金だけですべてのニードを満たすことはできないからこそ、ベーシック・サービスを満たす社会保障が不可欠なのである。その実現のためには、一般労働者による労働運動を通じての圧倒的な支持が必要なのであり、それが発火点となって、ベーシック・サービスを実現させようとする世論は高まりを見せるだろう。

このように、「保障の再建」と「職業の再建」を求める社会運動は、ベーシック・サービスを実現する上でも不可欠の要素となる。

一般労働者にとってまず必要なものは、「職業」を再建するための雇用保険制度の強化、職業訓練制度の整備だ。これらの制度は、終身雇用・年功賃金を前提とする従来の日本社会ではきわめて脆弱だった。職業生活をより確かなものにすると同時に、提供されるサービスの質を確保するためにも、必須の福祉制度である（なお、日本の職業訓練に対する公的給付は欧米諸国の10分の1から5分の1程度の水準である）。

それに劣らず重要なのが、普遍主義的な福祉制度の充実だ。一定水準の賃金に加え、ベーシック・サービスが現物給付として等しく提供されることで、生活上のリスクは回避されると同時に、ブラック労働への吸引力も減少する。

これまでのように年功賃金を前提として、完済まで何十年とかかるローンを組んで（しかも、非年功型の一般労働者はいつまでも返すことができない）働く状態から、労働者はようやく解放される。医療や教育、住居への保障があれば、過酷な労働や無際限な副業にのめりこむ必要もなくなる。

しかも、貧困者が特別に保護される状況は改善され（だれもが生きる上で必要な「ニード」は等しく満たされる）、対立構造そのものが解消し、ベーシック・サービスへの社会的同意はより確固としたものになるだろう。

最低賃金の引き上げ、長時間労働の是正を！

分断と対立を乗り越えるには、一般労働者の賃上げも不可欠だ。第3章で見たように、「失業者・ワーキングプア∧生保」という構図を是正しなければ、分断は断ち切れない。

また、最低賃金が低すぎることで、ブラック企業は「固定残業代」制を悪用し、限度なく残業させても、一定の残業代以上は払わないという、労働者の搾取、使いつぶしをおこなうようになった。

社会政策のゆがみを正すためには、一般労働者の賃金水準が生活保護水準以上に改善されるだけでなく、長時間労働も是正されなければならない。

こうした観点からも、最低賃金は1500円程度まで引き上げることが必要だろう。

1500円は高すぎると思われるかもしれないが、世界的には決して高すぎる水準ではない。例えばアメリカのニューヨーク州やカリフォルニア州では、最低賃金を時給15ドルまで引き上げることがすでに決まっている。1ドル＝110〜120円程度だから、15ドルは1650円から1800円にもなる。

時給を1500円にしたとしても、フルタイムで働いた場合、額面上の月給は25万9000円、年収にして311万4000円にすぎない。そもそも、これより低い賃金で自立することじたいが困難だと言うべきだろう。

最低賃金の大幅な引き上げは地方の中小企業を苦しめるという主張もあるが、実際には、大手チェーン店の時給のほうが、地方の中小企業よりも低いとの指摘がある。大企業のほうが人集めがしやすいために、最低賃金の「恩恵」によりあずかっているという側面があるということだ。

「普通の働き方」を実現する上で、労働時間の上限規制も不可欠だろう。現在の日本の労働法では、労使協定（36協定）を結ぶことで実質的に無限に労働させることができる。

2018年の法改正後も、過労死ライン（月80時間）を超えて100時間まで働かせられる。これでは長すぎる。単月で80時間未満とすることは、絶対に必要だろう。本当にやむを得ない特殊な研究開発などを除き、生産効率を落とすサービス業に限定してより厳しい基準を設けることも必要だ。

でなければ、労働内容の充実（職業の再建）も、家庭生活との両立（生活の再建）も絶対に実現できない。

これは「保障の再建」と関連することだが、ケア労働者が過重労働とならないよう、適切な人員配置を実現するために、介護報酬を引き上げることも必要だろう。そうすれば、地方のまともな業者は最低限の賃金を支払うことができる。

介護報酬は、「はたらく場」の再建も視野に入れて設定する必要があるのだ。

「新しい労働運動」の課題

ここまで、「職業の再建」と「生活の再建」、「保障の再建」の関わりを論じてきた。次に、本章の主題であり、重要なカギともなる「職業の再建」を実現するための労働運動について、少し掘り下げて考えていこう。

「職業の再建」を成し遂げるためには、これまでの労働組合運動を刷新するような、「新しい労働運動」を作り上げていく必要がある。「職業の再建」が、「生活の再建」と「保障の再建」に結びつくような、そんな新しい労働運動を展開していかなければならない。

そのためには、介護や社会福祉士といった共通する職業に依拠して、その職業における「基準作り」をしていくことが必要だ。仕事の内容についても、職業的連帯に基づいて、人々のニードを破壊しないように、主体的に守っていく。一般労働者の権利を擁護する活動と、中間団体としての団結組織（アソシエーション）を作り出すことが、その答えとなる。

具体的には「労働相談→団体交渉・裁判・行政の活用→社会問題化→職業的団結の強化」といった取り組みを進めることになる。労働組合にもまだ加入しておらず、ブラック企業や非正規で孤立している人たちの相談を受けて、その人たちが抱えている問題を社会化することも必要だ。

そうした取り組みを通じて広く社会に発信し、世論を喚起するなかで問題の解決を図ると同時に、新しい仲間を増やす。こうして相互に助け合うネットワークを作っていく。それが、社会を変えていく力となる。

この取り組みを進める際のキーワードは、①「社会化」、②「産業（業種）化」、③「職業化」、④「階層化」だ。

最近の労働問題は、以前よりも社会化できるようになっている（①）。多くの労働事件が報道されているが、それも、組合活動家による意識的な社会化が行われているからだ。これは、労働問題を広く社会問題とすることなので、非常によい方向に来ていると思う。

その結果として、労働問題は「産業（業種）化」してきた（②）。運輸業界や保育・介護業界などでは、産業上の問題として捉えられるようになっている。先述のように、最近ではヤマト運輸の問題が、Amazon を巻き込んだ過剰輸送の問題として社会的注目を集めた。

産業の問題になることで、労働問題は一般消費者にとっても関心の対象となる。つまり、「ニード」がどう満たされるべきかという点で、労働問題は社会の問題となる。当然、問題を起こしている企業も消費者のまなざしが気になるので、世論の高まりは、問題を解決する力となる。

「産業化」の背景には、労働問題の「職業化」がある（③）。保育士、介護士などに共通する問題が把握されるようになりつつある。すでに述べたように、これは、現代の雇用のあり方が「職業」を中心とするものに変化していることを、社会に「表現」することにつながっている。

それだけでなく、さまざまな職業が、社会に貢献しているにもかかわらず、低劣な処遇と福祉の不在によって生活できない状態にあることも示される。これは、不条理と言うほかない事態だし、ひいては社会全体を危うくする。

世代を含めて社会の再生産を実現するためには、一般労働者の階層性を明らかにする労働運動が必要である。これが労働問題の「階層化」の意味である（④）。

かつて、世界に先駆けて福祉国家を形成したイギリスでも、労働運動のあり方をめぐって、上層の熟練労働者たちと不熟練の一般労働者たちの意見が対立した。上層労働者たちは、高い処遇が保障されており、国の福祉は不要だと考えたのだが、産業革命で増大した不熟練労働者たちは、国家による公正で平等な、つまりは普遍的な福祉を求めた。福祉国家の誕生に際しては、普遍的な福祉を求める多数派勢力＝一般労働者たちによる階層的な要求があったのだ。

「企業に守られた正社員」から「一般労働者」へと転化している現代日本の多数の労働者たちも、それと似た状況にあると考えるべきだろう。

以上のように、これからの労働運動は、この四点を意識し、労働者の「権利行使」を通じて「中間団体」の形成を目指すべきである。

これからの労働運動とは？

いうまでもなく、労働運動で重要な役割を果たすのは、労働組合だ。僕は労働NPOを運営し、労働者の権利行使のサポートをしているが、多くの労働組合にもかかわっている。労働組合や労働NPO、あるいは労働者の権利主張をする言論団体などは、すべて「中間団体」だということになる。

これからの労働運動は、こうした労働組合、労働NPO、言論人・団体が相互に結びついていく必要があるだろう。

新しい労働運動に触発されて、主に中間層を組織する連合（日本労働組合総連合会）も少しずつ変わってきている。非正規センターが創設され、一般労働者を組織するコミュニティーユニオンの代表が会長選挙で善戦するということもあった。

こうした動きが活性化したのは、二〇〇八年の「派遣村」前後のことである。つまり、一般労働者が声を上げることで、連合も変わっていき、福祉を推進する勢力に近づいてきたということだ。

忘れてはならないのは、これからの労働運動は、貧困者（被保護層）の権利擁護運動とも結びついていかなければならない、ということだ。藤田孝典がいうような、ソーシャルワークの運動と、労働運動は結びつかなければならない。

労働や福祉の問題は、とかく政策・制度の問題だと思われがちだ。だが、社会を変えるのは人びととの実践であり、社会運動である。

著名な知識人でありながら、反グローバリゼーション運動やアメリカのオキュパイ運動に深くかかわってきたデヴィッド・グレーバーは「ヨーロッパにおいて、のちに福祉国家となる主要な制度――社会保険や年金から公共図書館や公共医療までのすべて――のほとんどが、その起源をたどれば、政府ではまったくなく、労働組合、近隣アソシエーション、協同組合、労働者階級政党、あれこれの組織にいたりつく」(『官僚制のユートピア』)と述べているが、この視点は本当に大事だと思う。

そのためにも、一般労働者だけでなく、かれらに寄り添い、社会へと発信する言論人、ジャーナリスト、研究者、政治家など、さまざまなアクターが必要になるだろう。そうした社会的勢力を糾合し、日本社会の対立構造を乗り越えていく。僕自身もそのような取り組みに尽力したいと考えている。

シェアリング・エコノミーの危険性と可能性

最後に、シェアリング・エコノミーの可能性と危険性について触れておきたい。

経済成長の限界を迎えるなかで、シェアリング・エコノミーが注目を集めている。労働と関連するところで言えば、それは企業や国を媒介としない新しい労働形態が広がっていくということであり、クラウド（大衆）ベースド資本主義ともいわれる（アルン・スンドララジャン『シェアリングエコノミー』）。近年の情報技術の発展が、その基礎にある。

つまり、企業や国に依存することなく、さまざまなサービスの提供を、一般人同士で行うような経済が広がり始めた。井手英策がいうように、そこにはニードの経済を拡大していくモメントが含まれている。

例えば日本でも、地方を拠点にして農業などの循環型労働や地元に密着した仕事に従事したいと考える若者が増えている。インターネットを通じて個人事業主としてサービスを提供する、新しい働き方も注目を集めている。

今後、介護などのケア労働への需要はますます高まっていくが、こうしたなかで、より多くの人がケア労働に参加する方法としても、シェアリング・エコノミーは注目されている。

とはいえ、ベーシック・サービスの実現は、これからの新しい労働社会にとっても前提条件だ。地域の暮らしや新しい労働参加を支えるためには、社会保障が不可欠だということだ。

若いうちは、自力でいろいろなことができるかもしれないが、病気になった時、子どもの学費を払わなければならなくなった時に、シェアリング・エコノミーによる金銭的な収入でその費用を賄うのは難しい。

また、「職業の再建」も欠かせない。これが実現できなければ、「ワタミの介護」のような経営効率優先の企業が市場を席巻するのを防げない。地域にシェアリング・エコノミーを根づかせることもできなくなる。地域コミュニティと結びついた「職業の再建」が進めば、それは持続可能な地域経済の発展にも資するはずだ。

副業の促進についてはすでに述べたが、「職業の再建」が実現しないまま、雇用とは異なる働き方（自営業者化）が進めば、その人の労働はとんでもなく安い単価で買いたたかれることになるだろう。

シェアリング・エコノミーを運営するには、サービス提供者と需要者をつなぐプラットフォームが必要であるが、利益追求のためにそれが作られてしまえば、労働や地域を破壊するものに転化するおそれがある。

例えば、UBERなどの利用料のうち、20％は本部に回収されているが、支配的なプラットフォームが営利企業によって運営されることになれば、結局は労働搾取を前提とする「シェア」にしかならず、本部から「もっと効率をあげろ」といわれ、労働が劣悪化することもあるだろう。

これは米国の話だが、労働法を無視し、労働組合をつぶし、行政が定めたさまざまな基準を逸脱するウォルマートが地域に一つでもできると、地元の経済はズタズタにされてしまい、しかも利益が上がらなくなると、荒廃したその地域を見捨てて撤退してしまう、と言われている。

だからこそ、シェアリング・エコノミーを運営する上で、「生活の再建」が重要だということが分かるだろう。つまり、ソーシャルワーク運動を活性化させ、地域社会を自分たちで運営する力が必要だということだ。

これらの論点は本稿の射程を超えるのだが、結局は、どのような技術も使う側次第であり、自治の精神をもって地域を運営する社会運動が弱ければ、あっという間に利益追求の流れに飲み込まれてしまうということだ。

シェアリング・エコノミーが社会問題を解決していくとすれば、「職業の再建」による労働のルール形成、「保障の再建」による生存の保障、「生活の再建」による地域のニードのくみ上げとプラットフォームの運営という、三つの条件が満たされなければならないだろう。

第7章

未来を再建せよ

すべてを失う前に

……………井手英策

社会を建設できるのか

みなさんは、小林秀雄と岡潔の対談『人間の建設』をご存知だろうか。僕がだいぶ若いときに読んだ本だ。ふと思いつき、最近、この本をあらためて読み直してみた。

大きくふたつの感想が浮かんだ。

ひとつは、人間が人間を建設できると考えてよいのか、その見かたへの懐疑的な思い。もうひとつは、本書で岡が訴える「情緒」の喪失と社会の結びつきの弱まりについて考えなければいけないという直感だ。

学者はあるべき姿を語る。だが、そうした「ビジョン」は、「設計主義」的な思考と紙一重だ。こうすれば、人間の生のあり方や社会のあり方がよくなるという主張には緊張感を持っていたいし、それ以前に、自分の信じる正義が社会をよくするという考えかたは、信念であると同時に押しつけともなりうる。

だが、そうした危険性を認めたうえでもなお、いまの社会が、これまでに述べてきたように、深刻な状態に置かれているとすればどうだろう。僕たちはこの社会を作り変えるための処方箋を考えなければいけないのではないだろうか。

岡が『人間の建設』のなかで危惧していたのは、僕たちの社会から「情緒」が消えようとしていることだった。

情緒とはなにか。それは、親子の情のように、自他の別や時間の観念が生まれる前からあるもの、つまり「初めにちゃんとある」はずのものを指している。

もちろん、親子の情が本当に「初めにちゃんとある」ものかどうかはわからない。だが、ここで問題としたいのは、岡の主張の是非ではない。僕たちが「当然にあるはずだ」と信じているものの存在、そしてその存在の危うさだ。

人間は、日々の暮らしのなかで、なにかを選びながら生きている。この無数に存在する選択の機会のなかで、「当然にあるはずのもの」がなくなったとき、人びとの選択のコストは途方もなく大きくなる。

他者への信頼をヒントにこの問題を考えてみよう。

僕たちが小さいときのことを思いだしてみたい。幼稚園や小学校が終われば、とくに断ることもなく、近所の公園や神社、友だちの家に遊びにいった。だが、他者への信頼がなければ、親は子どもに付き添わねばならなくなるし、親どうしの連絡も密にならざるを得ない。

企業どうしの取引だって同じだ。信頼できない取引相手との間に信用取引が成立するはずがない。あるいは、銀行が中小企業を信頼しなければ、彼らは貸付をしぶるようになり、中小企業はたちまちのうちに経営に行きづまってしまうことだろう。

情緒なき社会

僕たちは「日本国民」「日本社会」という言葉を使う。だが、その前提にあるはずの情緒が揺らぐとすれば、これらの言葉はそっくりリアリティを失ってしまう。

これは単なる憶測ではない。

僕たちがこれまで論じてきたように、日本社会が弱者への寛容さを失いつつあることは、すでに指摘した。問題はこうした弱者への不寛容が社会の分断をもたらすことだ。

たとえば、OECDのSociety at a Glance 2011に示されるように、統計的に見ると、所得格差の大きい社会は他者への信頼度が低い。

これは僕たちの経験に照らしても明らかなことだろう。「彼らは税のムダ使いをしている」「本当は働けるくせに不正な受給をしている」というように疑心暗鬼にかられる社会だとすれば、まずしい人たちのための支出はそう簡単には受け入れられない。

では、僕たちは他者を信頼しているだろうか。

『国際社会調査プログラム（International Social Survey Programme）』を見てみる。「他人と接するときには、相手の人を信頼してよいと思いますか。それとも用心した方がよいと思いますか」という問いに対し、信頼できると回答した人の日本の割合は、調査対象国38ヵ国のうち24位、「たいていの場合、政治家は正しいことをしていると信頼してよい」という問いに賛成した人の割合は38ヵ国中36位という低さだ。

他者を信頼できない社会では、人間どうしが価値観を分かち合うことが難しくなる。「所得はもっと公平にされるべきだ」という質問に賛成した人の割合は、調査対象国58ヵ国中39位。「どれくらい自由を感じるか」という質問に肯定的な回答を示した人の割合は58ヵ国中51位。「自分の国のために戦争で喜んで戦うか」という問いへの賛成者の割合は58ヵ国中最下位。そして「どれくらい自国には個人の人権への敬意があるか」という問いへの肯定的回答の割合は52ヵ国中34位である。

僕たちは同じ社会を生きる仲間のはずだ。それなのに、病気やけが、障がい、理由はさまざまだろうが、同じ社会を生きる人たちへの情緒はそこなわれている。そして、他者や政府を信じることもできず、社会的な弱者は居場所を失いつつある。

「あるはずのもの」が「ない」というのは恐ろしいことだ。だからこそ、この社会を組み立て直すための方法を考えることは、たとえそれが設計主義的だと批判されようとも、避けて通ることのできない問題なのだ。

自己責任の社会か？　連帯共助の社会か？

第2章や第4章でも明らかにしたように、情緒が失われていった背景にあったのは、勤労国家という自己責任社会の破たんだ。

勤労国家とは、勤労、倹約、貯蓄をつうじて、自己責任で将来不安にそなえる国家のありかたを示していた。だが、世帯所得は減少しはじめ、近年、家計貯蓄率は、ほぼゼロにまで下がってしまった。かつては先進国最高の家計貯蓄率を誇った日本にあって、貯蓄率がゼロ近くまで下がるというのは異常事態というほかない。

勤労国家のもとでは、高齢者に比較的手厚い生活保障をおこなう一方で、現役世代に対してはきわめて貧弱な給付しか提供してこなかった。それにもかかわらず、所得が維持できず、貯蓄も容易ではない現状。人びとが自らの生活防衛に走り、他者への情緒をなくしていくのも仕方のないことだったのかもしれない。

状況が以上のようだとすれば、僕たちに残された選択肢は二つである。

ひとつは、自助努力で生活設計ができるようにするため、経済成長のための政策を総動員すること。いまひとつは、成長を前提とした社会モデルを組み立て直し、人びとの生活保障機能を強化することだ。つまり、自己責任モデルを再生するのか、連帯共助モデルへと社会モデルを鋳直すのかが、いま問われているのだ。

アベノミクスがめざしたのは、まさに自己責任モデルの再生だった。

安倍晋三首相は「強い経済を取り戻せ」と訴え、「景気回復、この道しかありません」と言った。それは、自己責任モデルを前提としながら、人びとの所得や貯蓄を増大させ、将来不安にそなえられる社会をめざしていることを表明していたわけである。

だが、現実が安倍首相の期待を裏切ることとなったのは、第2章で論じたとおりだ。そして、安倍首相や自民党は、少しずつ政策の軸を「成長」から「分配」へとずらしていった。

アベノミクスにおける「3本の矢」は、大胆な金融政策、起動的な財政政策、民間投資を喚起する成長戦略からなっていた。政府はその成果を高らかにうたいあげた。

だが、「新3本の矢」になると、希望を生み出す強い経済に続けて、夢をつむぐ子育て支援、安心につながる社会保障が並べられた。待機児童の解消、幼児教育の無償化の拡大、介護離職者ゼロなど、政策の争点は分配へと少しずつ変わっていった。

そして、２０１７年の衆院選においては、消費税を財源とした就学前教育の無償化へと第2次安倍政権は足を踏み入れた。成長から分配へという流れは加速していった。

こうした動きは、自民党内でも強まっていった。

小泉進次郎氏らがかつて提唱したこども保険は、その象徴だ。この提案では、社会保険料の引きあげと同時に、就学前教育の実質無償化が示された。

また、２０１８年には、人生１００年時代戦略本部がとりまとめをおこない、そのなかでAll supporting Allへの社会保障のパラダイムシフトが訴えられた。これは旧民進党の掲げたAll for Allの明らかな模倣だったが、成長に依存した社会モデルは持続可能ではないことを与党じたいが認識するにいたったことを示すものだったと言えるだろう。

現実の動きがこのようであるとするならば、選ばれるべき選択肢は、いかなる連帯共助モデルを作りあげていくのか、ということになる。

保障原理からの逸脱

ここで第4章の議論をもう一度思いだしてほしい。

僕たちは「生きる」「くらす」「はたらく」という「みんなにとってのニーズ」を満たすことで、社会の秩序を保ってきた。そして、これらの「社会の共通利益」のために、僕たちは政府や財政を生みだしたのだった。

ルソーは『社会契約論』のなかでこう述べている。社会の結び目がゆるみ、国家が弱くなりはじめると、共同の利益はそこなわれ、その敵対者があらわれる、と。

社会が引き裂かれてしまったいま、僕たちがやらなければならないことは、いのちや暮らしの保障機能を強化することで社会モデルや国家の機能を作りかえ、共通の利益をつうじた連帯をふたたびよみがえらせることだ。

ヨーロッパ型の福祉国家とくらべると、日本の財政システムは通俗道徳ともいうべき、独特な文化を土台としている。それは、勤労と倹約の美徳がまずあり、政府のご厄介にならないこと、困っている人に限定してお金やサービスを提供するのは「よいこと」だと考えてきた歴史と重なっている。

以上の結果、大学の授業料、医療費、介護費、幼稚園や保育園のサービス、障がい者福祉、そのほとんどが低所得層だけが無料で、その他の人びとは多額の自己負担を求められている。

だがよく考えると奇妙な話ではないか。

一部の人たち、だれかが得をすることがわかっていて、そうではない人たちが税の負担を受けいれるだろうか。僕たちの作った財政は、「みんなの必要をみんなで満たしあう」という財政の保障原理から大きく外れてしまっているのだ。

そして、この逸脱にこそ、情緒なき社会の本質がある。

所得が減り続け、将来不安におびえる人たちにとって、一部の人たちが「既得権」を手にできる財政が公正なものに映るだろうか。むしろ、「既得権を持つ社会的弱者」が不正に受給していないか、ムダ使いをしていないか、疑心暗鬼になってしまうのではないか。

本来なら、弱者への手厚い分配、困っている人への支援は、社会の共通善であるはずだ。だが、その当たり前の共通善について、なぜそれが必要かと説明せねばならないうえに、その必要性が伝わるどころか、かえって社会の対立を深める。ここに、「あるはずのもの」がなくなることの危険性が明確にあらわれている。

弱者への配慮が対立の源泉になるという不幸。生活苦におびえる「大勢の弱者」が「さらなる弱者」を見捨てる不条理。この負の連鎖をいますぐに断ち切らなくてはならない。

「保障の再建」と「ベーシック・サービス」

ではどうすればよいのか。

答えは簡単だ。嫉妬と疑心暗鬼の根底にある「既得権」をなくせばよい。ただし、そのためには、僕たちの発想を大きく変えなければならない。

第2次安倍政権のもとでは繰り返し、生活保護の受給水準の切り下げが実施されてきた。そして、2018年には160億円の予算を浮かせるために、生活保護の受給額をむこう3年間で最高5%切り下げる方針が打ちだされた。

こうした施策は、低所得層や貧困層の「既得権」を抑制する社会の声を反映したものである。弱者を切り捨てることで、溜飲を下げる政治はハッキリ言って見苦しいものだ。だからこそ、僕たちは、こうした方向性に強く異を唱えなければならない。

毎年30兆円を超える財政赤字を生み出している状況のもとで、わずか160億円を絞り出すために人間の命を犠牲にすることが正しいとは思えない。繰り返そう。財政とは人間の命や暮らしを守るための仕組みであって、それを逆立ちさせ、財政のために人間を犠牲にすることは絶対に認められない。

だからこそ、僕たちは、こうした弱者の切り捨てとは異なる方法で「既得権」をなくす方法を提案する。それが「ベーシック・サービス」だ。

子育て、教育、医療、介護などのベーシック・サービスについて、できる限り少ない自己負担、長期的に言えば無料でこれらのサービスを受給できるようにする。しかも、特定の人たちだけではなく、できるだけ多くの人たちを受益者にする。つまり、所得制限を段階的に緩和し、最終的には撤廃することによって、低所得層の「既得権」を解消するのだ。

ひとつ留保しておきたいことがある。すべての人びとを受益者にするというとき、ここでは、あくまでも「対人社会サービス」の給付を拡大する、ということである。

近年流行している議論のひとつに「ベーシック・インカム」がある。所得とは無関係にすべての人びとに現金を給付するアイデアだ。

だが、今野も指摘したように、この議論と僕たちの議論との間には大きな距離がある。

現金給付の最大の問題点は、受益と負担の関係が可視化されることにある。自分より負担の少ない人たちが自分と同じ現金を得られることにたいして、多くの人びとが反発することは想像に難くない。

他方、サービス給付の場合、自分の受益は可視化されない。子どもが幼稚園や保育園にいったとき、いくらの受益があったかをわかる親はいない。

また、必要な人しかサービスは利用しない。だから、すべての人びとに現金を配るベーシック・インカムよりもはるかに少ない財源ですむ。

ベーシック・インカムの最大の問題点は、受け取った現金を、たとえば飲酒やギャンブル、借金の返済で消費してしまった人びとの生存・生活は、完全な自己責任となるということだ。もらったお金を使ってしまった人たちに対して、さらに現金を給付することはとてもではないが正当化し得ない。つまり、究極の自己責任社会が生み出されてしまうのだ。

いくらかかるのか

以上の理由から、僕たちは、ベーシック・サービスにかんする自己負担額を削減していくことで、だれもが将来不安から解放される戦略、つまり「保障の再建」をめざす。

現在、毎年度における国民の自己負担分は、幼稚園・保育園で8000億円、大学教育で3兆円、医療で4・8兆円、介護で8000億円、障害者福祉で数百億円となっている。総額で9・5兆円弱である。

注意してほしいのは、この金額は1年度に発生する国民の自己負担額だということである。もし、完全無償化をめざすのであれば、サービスの利用者数が増え、施設やサービス提供者の不足が予想されるため、より多くの財源が必要となる。

この9・5兆円の自己負担額が解消されれば、人間が生きていくために必要となるベーシック・サービスが限りなく低い負担額で提供されることとなる。

無償化に近づけるのに必要な財源は予測が難しい。

ちなみに3〜5歳児の教育無償化に必要な予算は8000億円と言われており、こちらは現在の自己負担額とほぼ同じだ。というのも、3〜5歳児のほとんどがすでに幼稚園や保育園に通っているからだ。

文科省の試算によると、大学や専門学校の無償化には3・7兆円の予算が必要となる。さらに0〜2歳児の無償化もあわせれば総額で5兆円程度の規模になる。現在3・8兆円の自己負担がある教育を無償化すると5兆円かかるということから大雑把に類推すれば、全体を無償化に近づけるためには約13兆円程度の財源が必要になることになる。

弱者もふくめて生活を再建する

ベーシック・サービスを拡充しつつ「保障の再建」を進めるという僕たちの提案は、当然のことながら「生活の再建」を可能にする。

ただし、第5章で藤田孝典が論じたように、以上のベーシック・サービスの提供だけでは十分に解消できない問題がある。それは生活保障の実感にとぼしい現役世代、そして子どもたちの貧困の問題である。

現役世代のなかで、所得の少ない人たち、とりわけ単身世帯に光を当ててみると、また別の問題が存在していることに気づく。この層は、大学教育を修了し、子どもがおらず、大きな病気もなく、介護までずいぶん時間のある人たちだ。この人たちはベーシック・サービスをいくら提供したところで十分な受益を得ることが難しい。

そこで提案したいのが、第5章で示唆された住宅向けの手当を制度化することである。

現在、消費税の10％への引きあげにあわせて、低所得層対策として軽減税率を設けることが議論されている。だが、裕福だからといって生活必需品を買わないわけではない。つまり、軽減税率の恩恵は富裕層にもむかってしまう。

そうであれば、軽減税率を廃止することで取り戻せる税収にくわえて、生活保護における住宅扶助の予算を足しあわせて、あらたな住宅手当を創設すれば、確実にまずしい層の所得を保障することができるようになる。

軽減税率の廃止によって、国と地方あわせて税収が1兆円もどる。これに既存の住宅扶助6000億円をあわせれば総額1・6兆円の予算が確保できる。これらの財源を用いながら、住宅扶助を廃止し、住宅手当で一本化するのである。

生活保護利用世帯にたいしては、住宅扶助分の金額を引きつづき提供する。残りを総世帯の1割である600万世帯に分配すれば、単純計算で年間約17万円が給付できる。もし生活保護世帯をのぞけば23万円の給付となる計算だ。消費税がもし仮に11%あがっても負担増のかなりの部分が相殺されることとなる。

給付の対象をより拡大する方向も検討されてよい。さらに1兆円の財源があるとすれば、あらたに600万世帯に17万円の給付が可能となるだろう。これは世帯収入200万円未満の層をほぼカバーする規模になる。もし、消費税が11%上がれば、軽減税率による減収はかなりの額になったはずだ。したがってより大胆な増額も検討の余地がある。

次に、子どもの貧困について考えてみよう。いくら義務教育が無償化されているといっても、給食費や学用品等の負担が低所得層の家計を直撃していることは、すでに藤田が指摘したところである。

政府の試算によると、学校給食費の無償化を実施した場合、小学校で3237億円、中学校で1883億円の経費が必要とされている。

この金額をもとに学用品等の経費を試算すると、総額で7500億円程度の財源が必要となる。もし、ここに修学旅行・遠足・見学費を加算したとしても、総額で1兆円には達しない程度の額と見ておいていいだろう。

職業を再建するための「保障の再建」

「保障の再建」が「生活の再建」を可能にしたとしても、「はたらく場」が不安定であれば、人びとの将来不安はけっして払拭されない。今野晴貴が第6章で指摘したように、日本の「勤労主義」は、「保障の再建」を放棄し続けてきたことの裏返しだ。保障が貧弱で、勤労しなければならないからこそ、劣悪な雇用環境もまた、維持され、許容されてきたのだ。


いや、それ以前に、勤労主義と倹約の美徳を重んじてきた国民性からすれば、どのように「職業の再建」を果たすかは、生活をこえた「生」のあり方と深くかかわることとなる。人びとは保障と同時に、確実で、働きがいのある「職業の再建」を求めるはずだからだ。

産業のAI化とともに、雇用機会が減少する可能性が政府によって喧伝されている。だが、今野のいう「ニードの経済」はＡＩ化が難しく、職を失った人たちがすでに劣悪な雇用環境にあるこの経済領域に大量に押しだされることが予想される。

とりわけ、「保障の再建」との関係で言えば、介護や保育といったニード経済、第３次産業の就労環境の改善は喫緊の課題である。

政府は２０１９年10月から、勤続年数10年以上の介護福祉士に対して、月額８万円の処遇改善を打ちだした。財源は約２０００億円である。

この該当者は約22万人と言われている。もし、対象をすべての介護福祉士に拡張すると、必要な財源は約４倍の８０００億円程度ということになる。

一方、全国の保育士、幼稚園教諭の数は約60万人である。もし同程度の処遇改善をおこなうとすれば、約６０００億円の財源が必要になるだろう。つまり、１・４兆円程度の財源があれば、彼女ら／彼らはブラック労働から、かなりの程度、解放されるということになる。

ただし、藤田や今野が強調するように、「保障の再建」を本当に実現可能なものとしていくためには、労働者や生活者自身が積極的に発言していく必要がある。

社会運動は、何が社会的なニードであるかを確定していくための重要な役割を担うこととなる。貧困問題を救済で終わらせることのないよう、絶えず社会の共通課題を再定義していかねばならない。

また、正規・非正規の枠をこえた「一般労働者」も、それぞれの立場で自己利益を語るのではなく、よりよい労働の前提となるべき、生存・生活の保障という共通のニーズ、ベーシック・サービスにかんして、その必要性を訴えていくことが重要だ。

とりわけ、介護や保育といった専門職は、配置転換を余儀なくされる一般企業の労働者とことなり、特定の職種・職務に長く籍をおくという性質上、職業における連帯意識を醸成することができる。いわば、共通の課題が認識されやすく、その問題に対処するための運動も展開しやすいというメリットをもっているから、なおさらそうだ。

今野が鋭く指摘したように、「保障の再建」は労働者間の分裂、対立を解消する。だが、その「保障の再建」を実現するためには、労働環境の改善と同時に、一般労働者によるベーシック・サービス、つまり「保障の再建」を求める声が足並みをそろえていかなければならないのである。

だれにどのような税を求めるのか

さて、以上では、ベーシック・サービスとそれに付随するいくつかの経費について検討してきた。問題は、以上のニーズを満たすための財源をどのように手当てするか、ということだ。

旧民主党政権期にとりまとめられた「社会保障・税一体改革」のデータによると、消費税1％は2・8兆円の税収を生む計算となる。

他方で、ベーシック・サービスにかんして、自己負担の解消に9・5兆円、無償化で13兆円。さらに住宅手当の拡充に1兆円、子どもの貧困対策に1兆円、幼保職員、介護福祉士の処遇改善で2・2兆円の財源を見込んだ。

一方、消費増税は、政府の購入する商品価格を上昇させる。この点を勘案すると、ベーシック・サービスにおける自己負担の解消であれば4％強、ベーシック・サービスの無償化、住宅手当の創設・拡充、給食費等の無償化、介護士等の処遇改善をフルセットで実施すれば、7％強程度の増税が必要という計算になる。

以上にくわえて、基礎的財政収支の赤字を2020年度の時点で解消しようとすれば、実質成長率をかために見積もったベースラインケースでおよそ8・7兆円の財源が必要となる(http://www5.cao.go.jp/keizai3/econome/h30chuuchouki7.pdf)。こちらは消費税で3%強の財源が必要となる計算だ。

合計すると、消費税率は、財政再建を考慮せずに自己負担を解消する4%から、財政を健全化しつつ、さまざまなサービスの拡充をめざす11%くらいの範囲内で引きあげる必要があるということになる。

一見するとこの提案は大増税に聞こえるかもしれない。

だが、11%の消費増税を実施したとしてもなお、税と社会保険料をあわせた国民負担率は、OECDの平均程度でしかない。自己責任が前提の勤労国家は、それだけ税の負担率が軽かったということだ。僕たちは、個々人の貯蓄を社会の蓄えに変え、だれもが安心して生きていける社会をめざす。

あるいは、低所得層の負担が重くなるという消費税の「逆進性」をどのように評価するか、という問題もある。

正確にいえば、この問題は、住宅手当や子どもの貧困対策によってすでに解消されている。だが、逆進性への批判が根強いことを踏まえて、もう少し説明をくわえておこう。

ハッキリと言っておきたいのは、逆進性があるために消費税は悪税であると断定するのは、まちがっているということだ。

そもそもの話、逆進性があろうがなかろうが、納税額はまずしい人に比べて、お金持ちの方が絶対に大きくなっている。彼らが高級車や大きな住宅を購入することを考えれば、当たり前のことだ。お金持ちは必ずまずしい人たちよりも多額の税を払う一方、ベーシック・サービスでは等しい給付がおこなわれる。格差は小さくなるに決まっている。

現実をみてもこのことは明らかだ。

EU加盟国は消費税を最低15％にすることが定められている。どの国をみてもいまの僕たちよりも消費税率は高いわけだ。だが、ほとんどの国で所得格差は日本よりも小さい。理由は簡単だ。逆進性があるとしても、税収を適切に給付に向ければ格差は小さくなる、それだけのことだからだ。

むしろ問われるべきは、消費税を軸としながら、その他の税をどのように組み合わせていくのかという点にある。

たとえば、法人税の場合、税率1％あたりで約4000億〜5000億円の税収が得られる。法人税率を5〜6％くらい引きあげられれば、消費税1％程度の財源となる。

あるいは、金融資産課税の税率を現在の約20％から5％ほど引きあげれば、約2000億〜3000億円の財源が得られるし、相続税を5％あげれば、5000億円程度の税収を見こめる。所得税の場合、七つの税率をそれぞれ1％ずつあげれば、1・1兆円の増収だ。

以上の課税をうまく組み合わせていけば、消費税の上げ幅を抑制することが可能になる。また、ベーシック・サービスの無償化は、その都度、すでに無償化されている低所得層と、これから無償化が始まる中高所得層の間にあらたな所得格差を生んでしまう可能性がある。だからこそ、富裕者増税をセットにすることには積極的な意味がある。

以上の試案は大規模な増税である。税率を段階的に引き上げる増税を検討する必要があるだろうし、財政健全化の速度をゆるめ、負担率をもう少し軽くするという選択もあるかもしれない。

税は社会の公正さへの考え方を映し出す鏡である。何を税のベストミックスと考えるか、そこに政党の思想が表れる。だからこそ、財源論から目をそらし、「できない理由」を頑張って説明するのではなく、財源論とあるべき社会の姿を各政党が論じ合い、競い合う時代をめざさねばならないのである。

未来の再建、そして希望を僕たちの手に

僕たちがめざしたのは、「生活の再建」「職業の再建」「保障の再建」をつうじて、将来不安で押しつぶされそうになっている日本の「未来の再建」を実現することだった。

僕たちの「未来の再建」の構想にはさまざまなメリットがある。

まず、あらゆる人びとが将来不安から解放され、痛みと喜びを分かち合う連帯共助モデルだから、中高所得層が低所得層を非難する理由を失う。全員が受益者ということは、既得権者がいなくなるということだ。そうなれば、まずしい人たちの不正に疑心暗鬼になり、目くじらを立てる必要もなくなる。

それだけではない。所得制限をはずして受益者の幅を広げていけば、収入の審査に費やされる膨大な行政事務を大幅に削減できる。日本の改革論者は身を切る改革を求める。だが、いちいち身を切らなくとも、人間の幸福を考えることでコストの削減は可能なのだ。

消費税をつうじて痛みの分かち合いが行われたとすれば、富裕層に応分の負担を求める理由も明確になる。人への投資を進めれば、労働者の質も中長期的には高まっていくから、その対価として企業に応分の負担を求めることができる。

これまでのように嫉妬や憎悪で富裕層の負担を求めてきた議論の土台もくつがえるだろう。消費税は薄く広い負担で豊富な税収を生む。これを基点として、適切な富裕者・企業課税をセットにすれば、負担の公正さは格段に増していくこととなる。

経済に対する効果も大きい。ベーシック・サービスの保障によって、人びとがさまざまなサービスを利用するようになるということは、確実にその分の雇用を生み出す。また、消費税の引きあげは物価に対しても影響をあたえる。そのことはデフレ経済のデメリットを思い出せばわかるように、企業の収益や労働者の賃金、そして税収にたいしても長期的にはよい影響を与えることとなる。

もちろん、増税が一時的な消費の落ち込みをもたらすことは事実だ。どうしてもその一時的な景気停滞が心配ならば単年度で景気対策を行えばよい。景気がひとたび立ち直れば、豊かな税収が人びとの暮らしを支え続けることとなるだろう。

以上の僕たちの提案は、OECDの平均レベルの国民負担率をめざしたものだ。

だが、第2章でも論じたように、OECDはかつてのような先進国クラブとは姿が変わってしまった。もし、いわゆる先進国の平均レベルということであれば、さらなる増税が検討されてもいい。そうすれば、職業教育・訓練、基礎研究への開発投資、ソーシャル・

ワーカーの拡充といった諸施策も実現可能になる。

結局のところ、いかなる社会を構想するのか議論し、そのあるべき社会にむかって決断することこそが、民主主義においてもっとも重要な問題なのではないだろうか。

外交、安全保障、原発、改憲、僕たちが議論すべき論点はきわめて多岐にわたっている。これら一つひとつの論点が大いに論じ合われるべきことは言うまでもない。

以上のテーマの重要性を最大限に認めたうえで、僕たちが訴えたいのは、人びとの暮らしが定まり、将来不安から自由になってようやく、これらのテーマを徹底的に議論する社会的な土台ができあがるのではないかということだ。

僕たちは勤労、倹約、貯蓄をつうじて将来不安に備える自己責任社会を作ってきた。しかし、それが持続可能ではなくなり、人びとが他者への寛容さ、政治への関心を次第に失うようになっていった。

この自己責任社会を終わらせるべきなのはもちろんだ。だが、たんに自己責任社会を終わらせるのではなく、なにをどのように変え、どのような社会を作っていくのかが、いままさに問われているのではないだろうか。

だからこそ、本章の冒頭で、僕たちは社会の建設について取りあげた。

社会を思い通りに建て直せると考えるのは傲慢である。だが、その批判を恐れて、どのように社会を建て直すのかを論じないとすれば、それは無責任である。

財政は社会の共同行為だ。保障という財政の原点に立ち戻っていくことで、「私たち」を再生するきっかけを得ることができる。そして、さまざまな運動に支えられながらこの「保障の再建」とともに「生活の再建」と「職業の再建」を実現し、この社会の未来を再建すること、これが情緒の底割れを防ぐための僕たちの提案だ。

あるべき社会を語り、制度改革の情熱を失ったとき、僕たちはすべてを失うだろう。だが、その情熱を社会変革の焚《た》き木とすることができれば、僕たちは希望の灯《ひ》を手にすることとなる。だからこそ、僕たち3人は、それぞれの専門性や思想的な違いを乗り越えて、対話を始める決意をした。

僕たちの試みが、あるべき社会を語り合う時代の幕開けとなることを願っている。

あとがき …………………… 藤田 孝典

本書の企画が持ち上がったのは、ちょうど2年ほど前だった。２０１６年の秋、井手英策さんが新宿・曙橋の寿司屋に今野晴貴くんと僕を誘ってくれたのである。そこで初めて3人が語り合う機会を得た。

僕と井手さんはそれ以前から何度も語り合い、そのつど「弱者救済」では支持は広がらない、リベラルは手法を再考すべきだ、と助言をいただいていた。当初は「はあ？　弱者救済することが社会福祉の根幹でしょう。困っている人を助けることが必要でしょう。それ以外に手法なんてあるのか？　何言っているんだ、この人は？」と内心思うこともあった。

しかし、ここからが井手英策の本領発揮である。何度も会って議論してくれる。さまざまな機会をつくってくれる。薄々は気づいていた、支援における限界性も明確に指摘してくれる。

そして、とにかく多忙ななか時間をつくってくれて、誰よりも熱くユーモアも交えながら、将来の展望を語り、一緒に酒をガンガン飲む。優しく情熱的で豪快な人である。井手さんが粘り強く議論し、説得していく姿に感銘を受けたし、思想や価値観の多少の違いはあれ、この人となら本気で日本の未来を語れる、と確信した。小田原市の自宅にも招いてもらい、深夜までこの本の構想について議論した。こうしたなかで、僕は改めて井手さんを信頼していることに気づく。

今野くんは、年間2000件ほどの労働相談・生活相談を受けてきた。「ブラック企業」の存在を社会に向けて発信し、社会問題化したことでも知られる。同世代では稀有な、屈指の剛腕活動家だ。

今野くんのこうした活動にもかかわらず、非正規雇用は減らず、過労死、過労うつ、パワハラの横行など労働問題が解決する兆しは見えていない。ブラック企業問題も、一時のブームであったかのようだ。こうした限界性を2人で語り合うこともしばしばだ。

一方、僕は貧困問題に長年取り組んできた。僕と今野くんとは2009年からの長い付き合いになる。盟友といってもいいだろう。

2008年の「日比谷公園年越し派遣村」を契機として、貧困が大問題となった。全国各地で、まるで一揆のように反貧困運動が巻き起こり、政権交代のきっかけの一つとなった。貧困問題に関わってきた者として、これほど政治的なダイナミズムを実感できた機会はなかった。

この社会は本当に変わるのではないか。福祉が充実し、誰もが安心できる社会になるのではないか。そんな希望が生まれた。だが、それも長くは続かなかった。

今日では、親の経済的な事情で進学を断念し、窮状を訴えた高校生がネット上で叩かれ、「生活保護バッシング」も吹き荒れている。ネット上では、病気の人、お金を稼げない人、「社会のお荷物」だと見なされた人は「死ね、死ね」と日々罵倒され続けている。

もう何をやってもダメなのだろうか。こんな閉塞感が社会に漂ってはいないだろうか。同じような思いを抱えている人は、私たちだけではないだろう。

こうしたなかで、井手、今野、藤田の3人が出会うことになった。議論が白熱したことはいうまでもない。「三人寄れば文殊の知恵」という故事がある。「この社会を何とかしたい」という思いを共有しながらも、専門が異なる3人が集まれば、いろいろなアイデアが生まれてくるものだ。そして、3人で議論しているだけではもったいない。みんなを巻き込みたい。そんな思いからも、本書はできている。

労働問題や貧困問題に取り組んでいて痛感させられるのは、この社会を変えていくにはトータルなビジョンが不可欠だということだ。労働、貧困問題の現場と、財政をはじめとする国の仕組みをトータルに考えたビジョンが必要なのだ。

本書をまとめるに当たって、3人で多くのことを議論した。「どんな政策が必要か？」というありきたりな議論ではない。私たちは「普遍的な福祉が必要だ」という本書での主張に関しては、出会った当初から意見の一致をみていた。だから、議論の中心となったのは、「どうやってそれ（政策）を実現するか」ということだった。

私たち3人による共同討議をつうじて、それぞれの分野を1人で考えていては思いつかないような、新しい構想を練り上げることができたと思う。

その過程で、労働、福祉、財政各分野の議論が、これまでうまくかみ合ってこなかったことを実感した。多様な分野の人びとが、この社会を変えるために、もっともっと議論していくことが必要なのだ。

特に現代社会は専門分化が著しい。分野が異なる専門家同士が議論し合う機会はきわめて少ない。それぞれが「タコツボ化」して、突破口を見いだせずにいる。

この本では、専門分野の壁を乗り越えて連帯する可能性を示すこともできたのではないかと思う。他分野の専門家同士の連帯や市民相互の社会連帯、分かち合いが、これからの社会変革プロジェクトの推進力ともなっていくはずだ。

本書をきっかけとして、「どうやって社会を変えるのか」を皆さんにも考えていただきたい。皆さんにも、家族や仲間、友人がいるはずだ。この本で僕たちが議論を試みたように、分野が異なる人同士、あるいは意見が異なる人同士で、熱い議論が交わされることを願っている。

本書が、来るべき社会に資するところがあるなら、3人にとってこの上ない喜びである。

ちくま新書
1373

未来《みらい》の再建《さいけん》
――暮《く》らし・仕事《しごと》・社会保障《しゃかいほしょう》のグランドデザイン

二〇一八年一二月一〇日　第一刷発行

著者　井手英策（いで・えいさく）／今野晴貴（こんの・はるき）／藤田孝典（ふじた・たかのり）

発行者　喜入冬子
発行所　株式会社 筑摩書房
東京都台東区蔵前二-五-三　郵便番号一一一-八七五五
電話番号〇三-五六八七-二六〇一（代表）
装幀者　間村俊一
印刷・製本　株式会社 精興社

Printed in Japan
ISBN978-4-480-07192-7 C0236

ちくま新書

1014
学力幻想
小玉重夫

日本の教育はなぜ失敗をくり返すのか。その背景には、子ども中心主義とポピュリズムの罠がある。学力をめぐる誤った思い込みを抉り出し、教育再生への道筋を示す。

294
デモクラシーの論じ方
――論争の政治
杉田敦

民主主義、民主的な政治とは何なのか。あまりに基本的と思える問題について、一から考え、デモクラシーにおける対立点や問題点を明らかにする、対話形式の試み。

465
憲法と平和を問いなおす
長谷部恭男

情緒論に陥りがちな改憲論議と冷静に向きあうには、そもそも何のための憲法かを問う視点が欠かせない。この国のかたちを決する大問題を考え抜く手がかりを示す。

722
変貌する民主主義
森政稔

民主主義の理想が陳腐なお題目へと堕したのはなぜか。その背景にある現代の思想的変動を解明し、複雑な共存のルールへと変貌する民主主義のリアルな動態を示す。

803
検察の正義
郷原信郎

政治資金問題、被害者・遺族との関係、裁判員制度、検察審査会議決による起訴強制などで大きく揺れ動く検察の正義を問い直す。異色の検察OBによる渾身の書。

984
日本の転機
――米中の狭間でどう生き残るか
ロナルド・ドーア

三〇～四〇年後、米中冷戦の進展によって、世界は大きく変わる。太平洋体制と並行して進展する中東の動きを分析し、徹底したリアリズムで日本の経路を描く。

1005
現代日本の政策体系
――政策の模倣から創造へ
飯尾潤

財政赤字や少子高齢化、地域間格差といった、わが国の喫緊の課題を取り上げ、改革プログラムのための思考を展開。日本の未来を憂える、すべての有権者必読の書。

ちくま新書

1071
日本の雇用と中高年
濱口桂一郎
激変する雇用環境。労働問題の責任ある唯一の答えは「長く生き、長く働く」しかない。けれど、年齢が足枷になって再就職できない中高年。あるべき制度設計とは。

1195
「野党」論
――何のためにあるのか
吉田徹
野党は、民主主義をよりよくする上で不可欠のツールだ。そんな野党に多角的な光を当て、来るべき野党を、これからの対立軸を展望する。「賢い有権者」必読の書！

1223
日本と中国経済
――相互交流と衝突の一〇〇年
梶谷懐
「反日騒動」や「爆買い」は今に始まったことではない。近現代史を振り返ると日中の経済関係はアンビバレントに進んできた。この一〇〇年の政治経済を概観する。

1353
政治の哲学
――自由と幸福のための11講
橋爪大三郎
社会の仕組みを支えるのが政治だ。政治が失敗すると、自由も幸福も壊れかねない。政府、議会、安全保障、年金など、政治の基本がみるみる分かる画期的入門書！

659
現代の貧困
――ワーキングプア／ホームレス／生活保護
岩田正美
貧困は人々の人格も、家族も、希望も、やすやすと打ち砕く。この国で今、そうした貧困に苦しむのは「不利な人々」ばかりだ。なぜ？ 処方箋は？ をトータルに描く。

710
友だち地獄
――「空気を読む」世代のサバイバル
土井隆義
周囲から浮かないよう気を遣い、その場の空気を読もうとするケータイ世代。いじめ、ひきこもり、リストカットなどから、若い人たちのキツさと希望のありかを描く。

772
学歴分断社会
吉川徹
格差問題を生む主たる原因は学歴にある。そして今、日本社会は大卒か非大卒かに分断されてきた。そのメカニズムを解明し、問題点を指摘し、今後を展望する。